Die Stadt mit 24 Dörfern
HESSISCH OLDENDORF an der Weser

Ausflüge in die Geschichte

Georg Schwedt

2018

Herstellung und Verlag:
BoD- Books on Demand, Norderstedt
ISBN: 978-3-7528-2879-5

Inhalt

Vorwort

In Hessisch Oldendorf geboren, in Rinteln das Gymnasium besucht, habe ich als Schüler die Dörfer rund um meine Geburtsstadt entweder zu Fuß, mit dem Fahrrad oder mit dem Bus erstmals kennen gelernt. Noch nach dem Abitur, kurz vor Beginn des Studiums, fuhr ich mit dem damaligen Postbus im Frühjahr 1964 in einige der Sünteldörfer und ging von dort bergab wieder nach Hause zurück.

Dann verließ ich Hessisch Oldendorf, um in Braunschweig, Gießen und Göttingen zu studieren. In Hannover, Hagen und Dortmund begann ich als Chemiker zu arbeiten, um anschließend als Hochschullehrer in Siegen, Göttingen, Stuttgart und zuletzt in Clausthal zu forschen und zu lehren.

Das Interesse an der Historie meines Geburtsortes habe ich bereits im Jahre 2000 durch meine Schrift

Reisen in die Vergangenheit von Hessisch Oldendorf.

Was MERIAN-Kupferstiche über Oldendorf an der Weser berichten dokumentiert. Aus einigen Kapiteln werde ich in diesem Buch auch zitieren.

1973 kamen die Orte diesseits und auch jenseits der Weser, die ich als Schüler vor allem mit Interesse an historischen Gebäuden, Kirchen und Gutshöfen aufsuchte, in Folge einer Gemeindereform an den ab 1233 als Stadt geltenden Ort *Oldendorpe unter der Schaumburg* hinzu.

Heute besteht *Groß-Hessisch Oldendorf* aus 24 Gemeinden und der Kernstadt, deren frühe Geschichte mit erneuten Besuchen des Autors ein halbes Jahrhundert nach seinen ersten Entdeckungsreisen im Jahre 2018 auf einer historischen Spurensuche hier aus seiner persönlichen Sicht vorgestellt wird.

Es war nicht meine Absicht, eine wissenschaftlich-historische Darstellung zu schreiben. Die einzelnen Kapitel entstanden zum Teil anhand der in meiner Bibliothek noch heute vorhandenen Schriften, die meist schon aus meiner Gymnasialzeit stammen.

Eine besondere Rolle spielen die Veröffentlichungen der Heimatforscher Friedrich *Kölling*, in meiner Schulzeit noch Lehrer an der Oldendorfer Volksschule, und Walter *Maack* von der Schaumburger Zeitung in Rinteln.

Die Auswahl spiegelt einerseits die Arbeiten dieser Autoren, andererseits meine Eindrücke bei den Besuchen in allen Ortsteilen während meiner Schulzeit wieder – von der Altstadt Oldendorfs habe ich in verregneten Sommerferien sogar einen großen Plan auf Packpapier mit aus Holz ausgesägten Häusern angelegt. Dazu kamen ausgewählte Informationen aus den zitierten Werken – die überwiegende Zahl habe ich, soweit nicht in meiner Bibliothek vorhanden, in der Stadtbibliothek in Hameln und im Benutzersaal des Niedersächsischen Landesarchivs in Bückeburg eingesehen. Und schließlich habe ich die Möglichkeiten von Online-Recherchen im Internet genutzt – die Quellen werden angegeben.

In den *Heimatblättern Hessisch Oldendorf* – Berichte des Heimatbundes Hessisch Oldendorf e.V., seit 1986 – sind sowohl Einzelhefte zur Geschichte von Ortschaften (z.B. Großenwieden 1969) als auch Beiträge zu speziellen Themen erschienen, auf die hingewiesen wird. Sie habe ich in der Stadtbücherei von Hessisch Oldendorf (soweit dort vorhanden) durchgesehen bzw. von der Vorsitzenden des Heimatbundes Hessisch Oldendorf Gabriele Lingen erhalten.

Zusätzlich zu den genannten gedruckten Quellen habe ich eine Auswahl an Dokumenten nach Online-Recherchen im Katalog des Landesarchivs in Bückeburg jedem Ort vorangestellt – ausgewählt unter den Gesichtspunkten „früheste Dokumente" und „interessante

Themen", die oft auch einen Bezug zu den folgenden Darstellungen haben.

Niedersächsisches Landesarchiv Bückeburg – am Schloss

Stadtbücherei Hameln in der Lohmühle

8

Und nicht zuletzt haben meine Besuche im Jahr 2018 die Auswahl zur Historie anhand noch vorhandener Gebäude, die in vielen Fällen unter Denkmalschutz stehen bzw. in der niedersächsischen Denkmalliste aufgeführt sind, mitbestimmt. Dankenswerterweise hat mir das Niedersächsische Landesamt für Denkmalschutz in Hannover das aktuelle Verzeichnis der Denkmale für Hessisch Oldendorf (Stand 11.4.2018) zur Verfügung gestellt, aus dem ich zahlreiche Angaben entnehmen konnte. Bei meinen Besuchen in den einzelnen Dörfern im Juli 2018 stellte ich jedoch fest, dass nicht alle in die Denkmalliste aufgenommen Gebäude auch als „sehenswert" zu bezeichnen sind. Ich habe deshalb auch einige, nicht in diesem Verzeichnis stehende Gebäude erwähnt, die nicht nach § 3.2 NDSchG in diesem Verzeichnis stehen. (Niedersächsisches Denkmalschutz-Gesetz: ...*Baudenkmale (....), an deren Erhaltung wegen ihrer geschichtlichen, künstlerischen, wissenschafftlichen oder städtebaulichen Bedeutung ein öffentliches Interesse besteht.*").

Die Dorf-Spazier- und -Rundgänge (auch mit diesen Informationen) schließen den Kreis nach über einem halben Jahrhundert — von meiner Schulzeit bis heute.

Ich danke ganz besonders Frau *Gabriele Lingen*, der Vorsitzenden des Heimatbundes Hessisch Oldendorf e. V., für die kritische Durchsicht und sehr hilfreichen Korrekturen des Manuskriptes sowie für ihre Unterstützung des Projektes insgesamt.

Ortschronisten sowie *Ortskundige* bitte ich um die Mitteilung sachlicher Fehler, die in einer Neuauflage des als Book-on-Demand erscheinenden Buches auf einfache Weise korrigiert werden können.

Bonn, im Sommer 2018

Prof. Dr. Georg Schwedt, Lärchenstr. 21, 53117 Bonn

Bedeutende Familien aus der Frühzeit

Die Grafen von Schaumburg

Ausschnitt aus dem MERIAN-Stich von 1647 –
10. Band der *Topographia Germaniae* (*Topographia Westphaliae*)

Bereits 1110 wurde *Adolfus de Scoenburg* (Schaumburg von neufriesisch *scoe*, mittelniederdeutsch *schowen*, mittelhoch-deutsch *schouwen* = schauen) vom Grafen *Lothar von Süpplingenburg*, zugleich Herzog von Sachsen und ab 1125 deutscher König, das Grafenamt in Holstein übertragen.

Urkundlich ist 1119 *Adolfus Comes de Scoenborg* nachweisbar, der als Zeuge unterschrieb, als Liutbert von Isenberg, Abt zu Werden an der Ruhr, sein Jahresgedächtnis (eine Schenkung von Land, damit später seines Todestages gedacht werde) dem Kloster St. Ludgeri zu Helmstedt stiftete.

Er führte den Namen *Adolf I.*; er starb 1130 und wurde im damaligen Mindener Benediktiner-Kloster beigesetzt.

Adolf II. (regierte 1130-1164) setzte das Werk seines Vaters fort. Er gründet 1143 die Stadt Lübeck. 1164 fiel er im Kampf gegen die Slawen bei Verchem im Kreis Demmin.

Adolf III. (1164-1225; bis 1174 unter Vormundschaft seiner Mutter) gründete 1188 die Neustadt von Hamburg nach Lübecker Recht. Er und *Konrad von Roden* standen beim Kampf des Kaisers Friedrich I. Barbarossa (um 1120 bis 1190, Kaiser des Heiligen Römischen Reiches ab 1152) gegen den sächsischen Herzog Heinrich den Löwen auf der Seite des Herzogs. Herzog Heinrich (um 1129 bis 1195) von Sachsen (ab 1142) und Bayern (1156-1180) hatte 1176 dem Kaiser seine Hilfe auf dessen 5. Italienzug verweigert und verfiel 1179 der Reichsacht. 1181 ging er in die Verbannung nach England, 1194 kehrte er auf seine Eigengüter um Braunschweig zurück. Ein Teil des Besitzes des Welfenherzogs an der Weser war an den Erzbischof von Köln gefallen. Heinrich der Löwe wider-setzte sich der Reichsacht und besiegte zusammen mit den verbündeten Grafen in der Schlacht auf dem Harlefeld bei Osnabrück 1181 den Erzbischof. Adolf III. machte 72 Gefan-gene und brachte sie auf seine Burgen in Holstein, womit er sie dem Herzog entzog, der für sie vom Erzbischof Lösegeld fordern wollte. Daraufhin vertrieb Herzog Heinrich den Schaum-burger aus seiner Wesergrafschaft.

Graf Konrad von Roden dagegen hielt dem Welfenherzog die Treue und wurde so zum Feind Adolf III., der jedoch dessen 1170 neu erbaute Burg Hohenrode auf der anderen Seite der Weser gegenüber der Schaumburg 1181 zerstörte, ebenso wie dessen Stammburg auf dem Amelungsberg (s. auch unter „Rohden").

So festigte Adolf III. seine Macht an der Weser und begründete die *Grafschaft Schaumburg*. 1203 musste er nach einem verlorenen Krieg gegen die Dänen auf seine Besitzungen in Holstein verzichten und verbrachte so die meiste Zeit auf der Schaumburg.

Adolf IV. (vor 1205 bis 1261) gelangte nach einem Sieg über den Dänenkönig Waldemar III. bei Bornhöved 1227 wieder in den Besitz Holsteins, gründete dort u.a. die Städte Itzehoe (1238) und Kiel (1242) sowie in seiner Stammgrafschaft Stadthagen (1222), Rinteln (1239) und Oldendorf (wahrscheinlich zwischen 1233 und 1247). Ein großer Teil des Waldbestandes musste in dieser intensiven Siedlungsperiode weichen. Es entstanden mehr als 20 Ortschaften mit der Endung -hagen im Namen. Die Städte übernahmen Wehraufgaben, wofür Ritter und Knappen von der Schaumburg Stadtburgen innerhalb der Wälle, Gräben und Tore der neu gegründeten Städte bezogen.

In den ersten Jahrhunderten ihres Bestehens hielten die Grafen auf der Burg ihr Hoflager. In den Zeiten ihrer häufigen Abwesenheit sicherten Ritter, Burgmannen genannt, aus sächsischem Uradel mit ihren Gefolgsleuten die Burg. Ihren Namen erhielten sie nach dem Ort ihrer Herkunft. So werden in einer Urkunde von 1242 als Zeugen die Ritter *Werner von Rehren, Nikolaus von Wieden, Heinrich von Welsede* und *Walter von Oldendorf* genannt. Von diesen Rittern wurden einige später in Oldendorf auf Stadtburgen sesshaft.

12

Die besondere Beziehung der Schaumburg zur Stadt Oldendorf wird u.a. durch die Bezeichnung *Oldendorf unter Schaumburg* (bis 1511) und durch die Tatsache deutlich, dass die Stadt das gräfliche Wappen, das Nesselblatt, ohne die erst 1598 eingefügten Sterne mit Balken, führen durfte. Die Versorgung der Schaumburg mit Handelswaren erfolgte durch Oldendorfer Kaufleute, wie eine Amtsrechnung von 1549 belegt.

Die Burg wurde mehrere Male verpfändet, so z.B. durch Graf *Otto III.* von Schaumburg (1427-1464) im Jahre 1448 an *Flörcke von Zersen* und dessen Söhne für 900 rheinische Gulden. Graf *Anton I. zu Rodenberg* (1498-1526) war der letzte Graf, der auf dem Stammsitz der Schaumburger residierte. Seine Frau Anna von Schaumburg erhielt die Burg als Witwensitz. Sie starb 1533. Zur Zeit des Erscheinens des Merianstiches 1647 war mit dem Tod von *Otto V.* (1635-1640) das Grafengeschlecht und die Herrschaft der Schaumburger bereits erloschen. Nach dem Tod von *Anton I.* hatte *Johann II.* (1498-1527) zu Bückeburg die Regentschaft erhalten, der mit Kordula von Gemen (aus der Herrschaft Gemen bei Borken in Westfalen) verheiratet war.

Der bedeutendste Schaumburger kurz vor dem Aussterben dieses Geschlechtes war *Graf Ernst* (1601-1622). Er erwarb 1619 den persönlichen Fürstentitel und gründete 1621 die Universität Rinteln. Schloss und Stadtkirche in Bückeburg sowie das Mausoleum in Stadthagen sind seiner regen Bautätigkeit zu verdanken. Fürst Ernst von Schaumburg war ein Sohn von Graf *Otto V.* (1544-1576) und Nachfolger seines Bruders *Adolf XII.* (1582-1601). Seine Schwester Elisabeth (d. Ä. v. Schaumburg) heiratete Simon VI. von der Lippe (1563-1613). Aus dieser Ehe stammt *Philipp I.* (1643-1681), der Begründer des Hauses Schaumburg-Lippe und Neffe des Fürsten Ernst zu Schaumburg sowie zugleich ein Onkel des letzten Schaumburger Grafen Otto V., der aus der Ehe von Georg Hermann v. Schaumburg-Gemen (gest. 1616) und Elisabeth d.J. v.d. Lippe abstammte.

13

1647 ging das Amt Schaumburg mit Rodenberg und der Hälfte des Amtes Sachsenhagen auf Hessen über – in der *Schaumburger Teilung* unter dem Hause Braunschweig-Lüneburg und dem Landgrafen von Hessen-Kassel. Da Orte mit gleicher Bedeutung des Namens wie Oldendorf jedoch dort z.B. Allendorf geschrieben wurde, blieb der Name Oldendorf. Erst um 1905 erfolgte amtlich der Zusatz „Hessisch".

Darstellung aus „Malerische Reise durch das Weserbergland"
Anton Wilhelm Stracke, Hofmaler und Professor der Zeichenkunst in Bückeburg (1758-1829) – weitere bibliographische Angaben s. unter Langenfeld (Abb. zum Wasserfall)
„Panorama des Wesertals von der Paschenburg" 1828

Bedeutende Adelsfamilien
Familie von Zerssen

Der Ursprung dieses alten Adelsgeschlechts findet sich im Schaumburger Land – benannt offensichtlich nach dem Ort Zersen. Als erster urkundlich nachweisbarer Träger dieses Namens ist *Bertramus de Chersene* 1223 genannt, dessen zweiter Name sich ab 1242 in *de Ziersne* änderte. Er und seine Brüder Walterus und Robertus waren später in Krückeberg ansässig. Sie gehören zu den Vasallen der Schaumburger Grafen mit ihrem Stammsitz der Schaumburg auf dem Nesselberg.

In der Mitte des 13. Jahrhunderts ließen sich Eberhard und Walter von Zerssen als Ritter in Stadthagen nieder. Zu Walter III. wird 1301 eine Belehnung zu Echteringhausen (Gutshof) genannt – mit dem Hinweis, dass er zuvor ein Haus in Stadthagen besessen habe. Zwischen 1333 und 1347 wird Berthold von Zerssen als Bürger und Ratsherr zu Stadthagen genannt. Es entstanden drei Hauptlinien: Lauenau-Echtringen durch Eberhard (1261-1295), Rinteln-Eisbergen durch Arnold (1269-1283) und Stadthagen durch Walter III. Die Familie von Zerssen führt einen Kesselhaken in ihrem Wappen.

Sie wird in der Geschichte der Ortsteile von *Oldendorf* immer wieder auftauchen.

(Literatur: Karl Nicolaus von Zerssen: Darstellung des bisherigen Verlaufs der Lehnsangelegenheit der Familie von Zerssen, stammend aus der Grafschaft Schaumburg, Hamburg 1859)

Die Familien von Büschen und von Münchhausen

Der Ritterhof in der Hessisch Oldendorfer Kernstadt, heute *Münchhausenhof* genannt, befand sich seit dem 14. Jahrhundert im Besitz der Familie von *Büschen* (oder *Büsken*).

In dem Werk „Mindische Geschichte…" (1747) ist zu lesen, dass ein *Wilhelmus* Büschen, zuvor Domprobst, vor 1400 zum 47. Bischof von Minden gewählt worden sei. 1401 habe er einen Lehnbrief ausgestellt, in dem er Harbert Büschen, seinem Vetter, mit dem Zehnten von Eminghausen (Remeringhausen) belehnt habe. Das Geschlecht der Familie von Büschen sei im 16. Jahrhundert ausgestorben und die Güter der Büschen seien an die von Münchhausen zu Lauenau und Oldendorf gefallen.

Der Letzte von Büschen, Nikolaus (Klaus, Claus) von Büschen (von dem Bussche, von Büsken) (1505-1559), Herr auf Oldendorf, Remeringhausen und Stau, verheiratet mit Margarete (Metten, Meta) von Holle (1519-1570) hatte zwei Töchter. Hedwig (Heilwig) von Büschen (1537-1599) heiratete 1558 Liborius (Börries) von Münchhausen (1515-1583), Herr zu Apelern, dessen Sohn Ludolf von Münchhausen (1570-1640), Herr zu Oldendorf wurde.

Die *Geschlechts-Historie* der Familie von Münchhausen wurde bereits 1740 von dem Göttinger Professor Gottlieb Samuel Treuer (1683-1743) veröffentlicht.

Ein Nachfahre von Börries von Münchhausen, der Balladendichter Börries Freiherr von Münchhausen (1874-1945) schrieb unter der Überschrift „Klaus Büschens feierlicher Verzicht" folgende Geschichte (und zitiert den Historiographen Treuer):

16

„Klaus Büschen, der Vater der Heilwig Büschen, kündigte 1559 seine Lehen zugunsten seiner Schwiegersöhne Franzens von Kramm und des eben genannten Börries, und diese beiden erhielten auch vom Landesherrn die Güter zugesprochen. Treuer erzählt:

Anno 1559 hat Claus Büschen seine beiden Töchter und Schwiegersöhne zu sich gefordert und ihnen vor Notaren und Zeugen auch in Gegenwart verschiedener Herren, alle seine Lehen, Erben und Güter übergeben, auch die Verwaltung derselben und die Herrschaft über seine eigenen Leute anbefohlen, ob er gleich frisch und gesund gewesen. Er ist darauf völlig angekleidet (gerüstet) aus seinem Hof auf die Straße gegangen und hat sich daselbst eine gute Weile aufgehalten, bis ihn seine Schwiegersöhne als einen Fremden genötigt und zu Gaste gebeten. Wozu die Urkunde sowohl als der Bericht des evangelischen Predigers Poppelbaum zu Oldendorf mehrere Umstände bringen. Acht Tage darauf ist er in einen anhaltenden Schlummer verfallen, bettlägerig geworden und wenige Tage darauf im Beisein seiner Töchter und Schwiegersöhne verstorben. – Er ist mit seiner Familie eifrig römisch-katholisch gewesen bis 1552, da er mit seinen Töchtern die evangelische Religion angenommen und nachher so eifrig evangelisch als vorher päpstlich gewesen.

So ist also von diesem Vorfahr in der wunderlichen Feierlichkeit Oldendorf an meinen Ahn Börries übergeben worden, das dann jahrhundertelang bei unserem Namen war."

Münchhausen-Herrenhaus –
Ausschnitt aus dem Merianstich *Oldendorff* von 1647

Die goldeloxierte Aluminiumtafel des Heimatbundes an der Einfahrt in den Hof des Münchhausen-Herrenhauses verzeichnet folgende Daten (s. auch unter Rundgang):

Aus der Geschichte des Münchhausen-Schlosses
1300-1400 Bedeutendster Ritterhof der alten Grafschaft Schaumburg im Besitz der Familie von Büschen.
Familienwappen von 1536 an diesem Torpfeiler.
1557 Heilwig von Büschen heiratet Börries von Münchhausen.
1583 Börries von Münchhausen beginnt mit dem Bau des heutigen Weserrenaissance-Schlosses.
1570-1640 Ludolf von Münchhausen legt für 100 000 Taler eine einzigartige wissenschaftliche Bibliothek an, die aber nach seinem Tode wieder verloren ging.
1783 Die Münchhausen bewirtschaften ihren Ritterhof nicht mehr selbst, sondern verpachten ihn.
Ab 1947 nicht mehr im Familienbesitz des Geschlechtes von Münchhausen.

Die Familie von POST

Fr. Kölling berichtet in seiner Stadtgeschichte von Hess. Oldendorf im Abschnitt über die „Burgmannshöfe und die Burgmannen" auch über die in Oldendorf ansässigen POSTE (Gelände des heutigen Forstamtes). Und er bemerkt, dass die Familie „überhaupt zu den ältesten schaumburgischen Burgmannnen" zähle und nennt eine Urkunde mit dem Namen von Friedrich Post von 1215-1222. Der Name dieser Familie wird in mehreren der folgenden Dörfer auftauchen, weshalb die Familie hier näher vorgestellt sei.

Das Wappen der Adelsfamilie Post(e)

Die Familie POST zählt zum westfälisch-niedersächsischen Uradelsgeschlecht, dessen Ahnenreihe auch mit dem von Fr. Kölling genannten Ritter Fridericus Post beginnt. Kölling berichtete:
„Die Poste treten im 13. Jahrhundert häufig als schaumburgische Burgmannen auf; 1287 gleichzeitig sogar drei dieses Geschlechtes. (...) Eine Stiftung von 1377 und ihre Bestätigung durch die jeweiligen Lehensinhaber bis 1820 zeigt uns die lange Seßhaftigkeit der Familie Post auf. Durch eine Urkunde vom 4. Dezember 1377 statteten Johannes Post, Richards Sohn, und sein Sohn Justatius einen neuen

Altar in der Kirche zu Oldendorf mit 3 Hufen in Welsede und 3 ½ Hufen in Segelhorst aus. Diese Stiftung dürfte ein Beweis dafür sein, daß die Familie sicher seit 1377, wahrscheinlich sogar seit der Gründung der Stadt, auf dem Hof am Südwalle saß.

Wir hören im späten Mittelalter, daß die Poste mit mehreren Höfen belehnt waren. Im Jahre 1477 verkaufte der Knappe Statius Post dem Grafen Erich von Schaumburg seinen freien Burgmannshof zu Oldendorf ..."

(Zur Familie Post siehe auch Beitrag von Manfred Willeke in „Heimatblätter Hessisch Oldendorf" Heft 18 (2013), 53-55)

Die Familie von Bardeleben

Fr. Kölling berichtete, dass die Familie von Bardeleben im 13. Jahrhundert gleichfalls zahlreiche Burgmannen stellte. „1286 waren es Konrad und Rotger. Als ihre ältesten Wohnsitze dürfen wir Oldendorf und Krückeberg annehmen." Auch in den Dörfern Weibeck, Welsede und vielen anderen werden wir auf diesen Namen stoßen.

Zwei Heimatforscher:
Walter Maack und Friedrich Kölling

Walter Maack (1907-1971) wurde in Exten geboren und studierte nach dem Abitur am Gymnasium in Rinteln Deutsch, Geschichte und Journalismus. Als Redaktions-Voluntär begann er 1931 bei der *Schaumburger Zeitung* in Rinteln, wo er zuletzt Schriftleiter war. Er ist Verfasser zahlreicher (150) Veröffentlichungen vor allem zur Geschichte des Schaumburger Landes. Mir ist Walter Maack – im Unterschied zum Lehrer Friedrich Kölling – nur aus einem freundlichen Schriftverkehr aus den 1950er Jahren bekannt, als er meine Beiträge zum „Briefmarkensammeln" auf der Jugendseite der *Schaumburger Zeitung* in einer kleinen Serie abdrucken ließ.

Friedrich Kölling (Möllenbeck 1894 -1980 Hess. Oldendorf) wurde am Seminar in Rinteln zum Lehrer ausgebildet und war von 1919 bis 1954 an der Volksschule von Hess. Oldendorf tätig. Schon früh beschäftigte er sich als Heimatforscher, veröffentlichte Dorf-chroniken, eine Geschichte der Schaumburg und die Chronik von *„Hess. Oldendorf. 700 Jahre Entwicklung einer niedersächsischen Kleinstadt"* (1956). Dieses Buch habe ich mir bereits als Schüler des Gymnasiums Ernestinum angeschafft. Im Katalog der Bibliothek des Niedersächsischen Staatsarchivs in Bückeburg sind 260 Veröffent-lichungen von ihm verzeichnet. Als Lehrer habe ich ihn nur in einigen Vertretungsstunden in der Volksschule erlebt. Als Heimatforscher war er auch bei meiner Großmutter (mütterlicherseits), die nach dem Tod meines Großvaters Braune mit dem Schuhfabrikanten Krücke-meyer verheiratet gewesen war. Die Porträts der beiden Unter-nehmer Krückemeyer, Carl Krückemeyer sen. und jun., sind auch am Ende seiner Stadtchronik von Hess. Oldendorf abgebildet.

Aus der Geschichte der Kernstadt Hessisch Oldendorf

Im Niedersächsischen Landesarchiv (NLA), Standort Bückeburg, sind unter *Oldendorf* 6173, unter *Hessisch Oldendorf* 1638 und unter *Oldendorf* eingegrenzt bis zum Jahre 1500 noch 77 Dokumente zu finden. Aus der letzteren Gruppe wurde eine Auswahl getroffen:

1250: Konrad von Hamelspringe, Kastellan zu Schaumburg, bittet den Bischof von Minden, dem Marienkloster das Eigentumsrecht an dem Zehnten zu Oldendorf zuzusprechen. (NLA BU, Orig. 1, Fd Nr. 3a)

1300: Ritter Bertram von Harboldessen verkauft an die Kirche zu Obernkirchen für 24 Mark 3 Hufen Land zu Oldendorf mit allen Zubehörungen an Äckern, Holz und Weiden. 05.08.1300 (NLA BU, Orig. Dep. 2, Nr. 101)

1312: Das Stift zu Vißbeck schenkt der Kirche zu Obernkirchen 1 Hufe Land zu Oldendorf unter Schaumburg und erhält dagegen von der ersagten Kirche zu Obernkirchen zum Gegengeschenk 1 Hufe Land zu Röcke. De Oldendorf. 12.05.1312 (NLA BU, Orig. Dep. 2, Ha Nr. 3)

1327: Graf Adolph zu Holstein-Schaumburg verkauft mit Genehmigung seiner Brüder Gerhard und Erich dem Stift zu Obernkirchen 8 Hufen Land, welche bei der **Stadt Oldendorf** belegen, mit allem Zubehör an Weiden, Wiesen, Höfen, Hofstellen p.p. für 150 Mark Bremer Silber. Jedoch ist 1 Hufe von Entrichtung des Zehnten gänzlich frei. 20.12.1327 (NLA BU, Orig. Dep. 2, Nr. 166/167)

1376: Die Gebrüder Bodo und Johann „gheheten van Unighen", Knappen, verkaufen ihren vor dem Westtor zu Hessisch-Oldendorf (vor derne westeren dore to Oldendorpe) bei dem Baumgarten der Büschen gelegenen Baumgarten an die Gebrüder Johann und Wilhelm von Büschen (de Buschen), Stacius Söhne, und ihren rechtmäßigen Erben. Datum 1376 Januar 26 (sabbato proximo post conversionem sancte Pauli apostoli) (auch unter „Kaufbrief derer von Quitzow an die Buschen über einen Garten vor Oldendorf") Or. Pergt. mit den beschädigten Siegeln der beiden Aussteller an Pergament-streifen NLA BU, Orig. Dep. 3, If Nr. 1)

1377: Graf Ottens Lehnsbrief für Statz von Münchhausen über den Zehnten zu Oldendorf, über 3 Höfe zu Apelern mit allen Zubehörungen. (NLA BU, Orig. Dep. 3, Ha Nr. 3)

1395: Otto, Graf zu Holstein-Schaumburg, überlässt Hugo und Johann, Söhne des Johann Post, eine Stätte bei ihrem Hof zu Oldendorf. 01.05.1395 (NLA BU, Orig. 1, H 71, Nr. 1d)

1405: Confirmatio privilegiorum der Stadt Oldendorf vom Grafen Adolf IX. zu Holstein-Schaumburg. 31.3.1405 (NLA BU, L O, c Bd. 2 Nr. 174)

1468: Junker Adolf und Erich, Gebrüder, Grafen zu Holstein-Schaumburg erteilen der Stadt und den Bürgern zu Oldendorf alle Rechte von Lippstadt (Stadt tor Lippe) wie sie ihnen ihr Vater, Graf Otto, und ihre „ersten olderen" gegeben haben. Siegelankündigung der Aussteller. Abschrift 1. Hälfte 18. Jh., Papier, gefalteter Bogen 21 x 33,5 cm, mndt. (NLA BU, Orig. Dep. 59, Nr. 69)

1477: Graf Erich zu Holstein und Schaumburg gestattet den Schwestern zu Vechte, zu Oldendorf unter Schaumburg ein Schwesternhaus mit eigener Kapelle, Altar und Kirchhof zu bauen. Mitsiegler: Cord Hoberdt, Archidiakon des Stiftes zu Ohsen und Johann Eggerdink, Kirchherr zu Oldendorf. 11.11.1477 (NLA BU, Orig. 1, Gc Nr. 1a)

1486: Urkunde des Grafen Erich, betr. Schenkung eines Hofes zu Oldendorf, gen. „Grevenstede", vormals Lehen der Poste, an die Schwestern des Augustiner Ordens zu Vechte zur Erbauung eines Schwesternhauses in Oldendorf und Privilegien derselben. 05.03.1486 (NLA BU, Orig. 1, Gc Nr. 4)

1497: Bürgermeister und Ratsmanne des Wickboldes Oldendorf unter der Schaumburg bezeugen, dass sie vom Kaland zu Obernkirchen 40 rheinische Gulden ablösbares Kapital aufgenommen haben für einen Jahreszins von 7 ½ Mark Geldes Schaumburger Währung. Ausfertigung auf Pergament, Mittelniederdeutsch. Siegel der Stadt Oldendorf (gut erhalten) am Pergamentpressel anhängen. 07.10.1497 (NLA BU, Orig. F, Nr. 286)

Walter Maack berichtete in „Die Grafschaft Schaumburg" (1964):

Um die gleiche Zeit wie Rinteln wurde auch Hess. Oldendorf von den Schaumburgern als städtische Siedlung neben dem „Alten Dorfe" neu angelegt. Das alte Dorf Oldendorf wurde von der Dorfstelle in der Nähe der heutigen Zuckerfabrik in die neue Stadt verpflanzt. Daß diese sogleich Stadtrecht erhielt, ist anzunehmen, aber nicht belegt. Während Rinteln schon 1238, also vor Verleihung des Lippstädter Rechts, vom Grafen Adolf bereits als civitas *(= Stadt) und im ganzen 13. Jahrhundert stets so oder als* oppidum *(= Stadt) bezeichnet wird, erscheint Oldendorf erst in einer Urkunde von 1327 als* oppidum; *vordem wird nur der Name ohne jeden Zusatz genannt. Später heißt die Stadt häufig „Oldendorf unter Schaumburg"...*

MERIAN-Stich von 1647 – aus Topographia Brunswiga

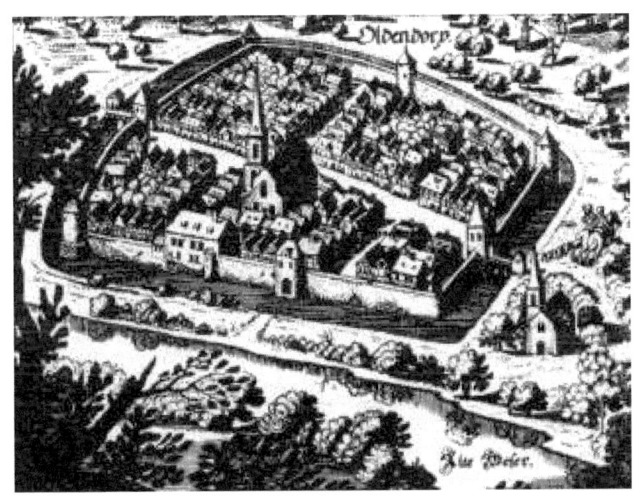

Ausschnitt aus dem MERIAN-Kupferstich zur Schlacht bei Oldendorf
(hier ist das Kirchenschiff in falscher Richtung gezeichnet)

Das *alte Dorf* entstand auf einem Werder aus blauem Ton – so beginnt R. *Harmening* topographisch-geologisch seinen „Abriß der Geschichte der Stadt Hessisch Oldendorf" in seinen „Beiträgen zur Stadtgeschichte" (1988). Geologisch bedeutend ist die Tatsache, dass dieser Ton aus dem Pleistozän – der quartären Eiszeit (Diluvium) unmittelbar vor der geologischen Gegenwart bis etwa 10 000 Jahre vor Christus – auch im Mittelalter noch nicht ausgehärtet war. Dieser Werder inmitten der Talaue der Weser, die noch ohne festes Bett das Tal nicht nur in großen Schleifen sondern auch mehrmals in Arme geteilt durchzog, war im Frühmittelalter von Laubwald bedeckt. Siedlungen und Äcker lagen meist an den Talrändern. Die Stromaue wurde durch die Besiedlung zwischen 900 und 1200 dann wesentlich durch intensive Rodungen in ihrer Gestalt verändert.

Das alte Dorf, ein sogenanntes „Stromauenwerderdorf", lässt sich im Gelände zwischen Fabrikstraße und Bahnhofsallee (bis zur alten Zuckerfabrik) westlich der Altstadt lokalisieren. Seit etwa 1475 ist hier die Flurbezeichnung „Up dem Oldendorpe", in einer Flurkarte von 1751 noch „Auf dem Ahlen Dorfe", bekannt. Diese frühe Siedlung lag direkt am nördlichen (Haupt-) Weserarm – und zugleich am alten Hellweg. Beim Bau der Zuckerfabrik 1875 wurden bei Ausschachtungsarbeiten auch alte Mauerreste gefunden, die Spuren vom alten Oldendorf gewesen sein könnten.

Zur Gründung der Stadt Oldendorf konnte der Heimatforscher Friedrich *Kölling* trotz intensiver Suche keine Urkunde auffinden. Aber schon aus dem 12. Jahrhundert entdeckte er Urkunden, in denen u. a. für einen „Othelricus de Aldenthorpe" Güter in Rinteln, Steinbergen, Engern und eine Mühle in Rohden (zwischen 1160 und 1170) aufgezählt werden. Er ist möglicherweise der Vorfahre eines Vizerichters des Grafen Adolf III. bzw. IV. mit Namen „Ludinger de aldenthorpe", der in einer Urkunde zwischen 1208 und 1232 erwähnt und in der Zeit zwischen 1215 und 1222 auch „ludingerus miles de Scowenberc" genannt wird. In einer Hamelner Urkunde aus der Zeit von 1237 bis 1247 entdeckte *Kölling* schließlich mit der Bezeichnung „Oldendorpe prope Scowenborch" (Oldendorf nahe der Schauenburg) den Beweis bzw. begründeten Hinweis, dass Oldendorf um die Zeit bereits Wehraufgaben des Landes wahrgenommen habe. Heute wird als Gründungsjahr **1233** angenommen – 1983 fand daher auch die 750-Jahrfeier statt.

Zur Gründungszeit hat sich Friedrich *Kölling* wie folgt geäußert:

„Das Stadtarchiv [im Nieders. Staatsarchiv in Bückeburg] kann uns eine Antwort darauf nicht geben. Auch Nachforschungen in den Staatsarchiven Marburg, Hannover, Münster, Wolfenbüttel, Hamburg, Kiel und Kopenhagen sind ergebnislos geblieben. Wir müssen also damit rechnen, daß die Gründungsurkunde der Stadt unwiederbringlich verloren ist.

Unsere Nachbarstadt Rinteln ist besser daran. Sie bewahrt in ihrem Archiv eine Urkunde auf, nach der Graf Adolf [IV.] 1239 die Lippstädter Stadtrechte verlieh.

Diese Urkunde ist für unsere Stadtgeschichte wichtig, denn die darin erwähnten Rechte der Stadt Lippstadt waren Vorbild für die drei alten schaumburgischen Städte Rinteln, Stadthagen und Oldendorf. Es sind auch in Oldendorf noch mehrere Urkunden erhalten, die uns nahe an die Gründungszeit heranführen. Im Stadtarchiv befindet sich eine Urkunde von 1468, in der die Brüder Adolf und Erich von Schaumburg [Adolf X. (regierte 1464-1474), Erich (regierte 1474-1492] die Stadtrechte bestätigen. Es heißt darin: ‚unseren leven Borgern tho Oldendorpe alle recht und alle ordele, die die Stadt tor Lippe bruken, in allen saken und in allen Dinghen'. Die Urkunde betont also ausdrücklich, daß die Stadt die Rechte von Lippstadt besaß und somit Rinteln rechtlich gleichgestellt war.

Das Pfarrarchiv besitzt noch eine ältere Bestätigungsurkunde. In ihr bestätigt Graf Adolf [IX. (regierte 1405-1427)] die Stadtrechte, wie sie bereits sein Vater und seine Voreltern verliehen hatten. Die Stadt besaß also die Stadtrechte, als der Großvater [Adolf VII. (1315-1354)] 1315 die Regierung antrat.

Weitere Urkunden der Klosterarchive von Fischbeck, Obernkirchen und Loccum aus der Zeit von 1320-27 bezeichnen Oldendorf als Stadt. Sie erwähnen 1320 die Tore der Stadt, 1324 die Stadtkirche und 1323 Bürgermeister und Rat der Stadt. Im 13. Jahrhundert fließen die Quellen spärlicher. (...)

Wir können also mit Sicherheit die Gründung von Oldendorf in das zweite Viertel des 13. Jahrhunderts verlegen."

Hans Pusen schrieb in seinem 1970 erschienenen Buch „Niedersachsen. Das Berg- und Hügelland im Süden" zur Charakterisierung von Hessisch Oldendorf u.a.:

„...Im 13. Jahrhundert hat ‚Oldendorf unter der Schaumburg' mit Rinteln und Stadthagen ein Festungsdreieck der Grafen von Schaumburg gebildet und war durch drei Tore, Wälle und Gräben stark geschützt. (...) 1633 hat in der Schlacht von Hessisch Oldendorf Herzog Georg von Calenberg die Kaiserlichen besiegt und Hameln dadurch von feindlicher Besatzung befreit. Das Denkmal am Schützenhaus erinnert an den glorreichen Sieg. Anstelle der früheren Umwehrung ist ein Ring schöner Grünanlagen entstanden. Stattliche Fachwerkhäuser treten im Stadtbild hervor. Es wird beherrscht vom Turm der ev. luth. Stadtkirche. Diese – ein breiter, dreischiffiger, spätgotischer Hallenbau – besitzt als schönstes Stück der Ausstattung das von Mante Pelking aus Hildesheim 1590 geschaffene Bronze-taufbecken. Aus dem gleichen Jahr stammt das Abendmahlgemälde vom Altaraufsatz. Die Bildnisse von Luther und Melanchton gehören ins 17. Jahrhundert. – Neun Rittersitze haben einst in Hessisch Oldendorf bestanden. Der bedeutendste, das Münchhausenschloß, ist im letzten Viertel des 18. Jahrhunderts am Südrand der Altstadt erbaut worden. Treppenturm und Schmuckgiebel verweisen das massive Bauwerk in den Bereich der Weserrenaissance."

RUNDGANG zur Historie

Die noch heute erkennbare Geschichte der Stadt kann ein Besucher am besten bei einem Rundgang erleben. Der *Heimatbund Hessisch Oldendorf* hat an markanten Orten (s. Beispiel im Kapitel zur Familie Münchhausen) Tafeln mit informativen Texten anbringen lassen.

Ich werde diese Texte bei einem Rundgang zitieren und noch einige Informationen und Orte aus meinen Erinnerungen ergänzen.

Der Rundgang beginnt auf dem *Kirchplatz*, an der *Kirche St. Marien*, in der ich getauft und konfirmiert wurde.

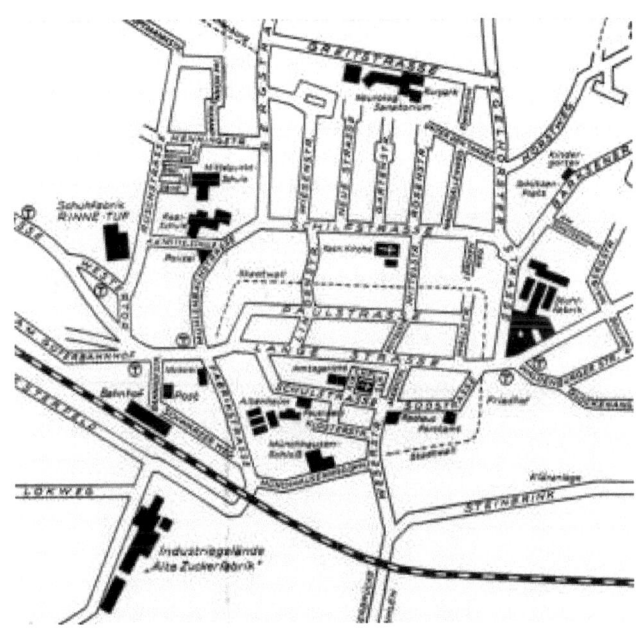

Ausschnitt aus dem Stadtplan Hessisch Oldendorf (1969)
Buchhandlung Fritz Lücke Inh. B. Stegemann Hessisch Oldendorf

Der Ausschnitt aus dem Stadtplan zeigt den engeren Bereich der Stadt – im Mittelpunkt die von einem Wall umgebene Altstadt (gestrichelte Linie).

Am *Kirchplatz* steht das älteste Gebäude der Stadt, die 1377 fertiggestellte KIRCHE St. MARIEN mit dem mächtigen Wehrturm als Kirchturm, der bis 1955 im Besitz der Stadt war. In kriegerischen Zeiten war die Kirche ein Zufluchtsort. Bis 1805 gab es im Inneren auch zwei Brunnen. Im Dachstuhl wohnte der Tornemann (Feuerwächter). Unter dem ersten lutherischen Prediger Eberhard Poppelbaum (s. Krückeberg) wurde die Gemeinde 1552 evangelisch.

Es handelt sich um eine gotische Hallenkirche mit einem Taufbecken von 1590 (Meister Mante Pelking, Gelbgießer aus Hildesheim) im Stil der Weserrenaissance und einem Abendmahlbild, gestiftet von Heilwig von Münchhausen (s. im Kap. „Adelsfamilien").

1886 wurde die Kirche im neugotischen Stil renoviert, 1965 wurde der Fußboden wieder auf die ursprüngliche Höhe vertieft und auch wesentliche Umbauten im Inneren vorgenommen – leider wurde später auch das ursprüngliche Kirchengestühl vollständig entfernt und durch Einzelstühle ersetzt.

Kircheninnenraum 1977 aus W. Stecher (s. Lit.)

Kirche St. Marien auf meiner Urkunde zur Konfirmation

31

1977 verfasste der damalige Pastor Werner Stecher eine Broschüre mit dem Titel „Die St. Marien-Kirche in Hess. Oldendorf. Ein Gang durch ihre Geschichte, anläßlich der 600-Jahr Feier ihrer Fertigstellung am 4. Dezember 1977", aus dem das Bild der Innenansicht stammt. Darin berichtet er auch über die Umbauarbeiten in den Jahren 1885 und 1886, durch den Rat der Stadt finanziert: „Praktisch die gesamte Inneneinrichtung der Kirche wurde damals erneuert. Erhalten blieben außer dem Taufbecken und dem Abendmahlsbild, das in den neuen Altar eingefügt wurde, nur das Mengerßen-Epitaph. Nach der Renovierung bot die Kirche ein einheitliches Bild im neugotischen Stil." – An der Kirche informiert auch eine Tafel (19):

Evang. Stadtkirche St. Marien
Die Stadtkirche St. Marien mit ihrem Prediger Eberhard Poppelbaum war im Jahre 1552 geistiger Ausgangspunkt für die Einführung der Reformation in der Grafschaft Schaumburg. Aus den ersten Jahrzehnten der Reformation datiert als bedeutendes Kunstwerk das Bronze-Taufbecken von 1590.
Alte Oldendorfer Adelsfamilien (von Münchhausen, von Mengerssen, Cordemann) fanden in und an der Kirche in Erbbegräbnissen ihre letzte Ruhestätte.
Durch Absenkung des Niveaus in der Kirche hat man in einer großen Renovierung 1965 versucht, den Eindruck mittelalterlicher Architektur wieder herzustellen.
Der freie Platz um die Kirche, der bis 1602 Friedhof war, wurde zeitgemäß umgestaltet.

In der Nähe des Kircheneingangs steht seit 1993 ein Brunnen mit der Plastik „Familie im Boot" des Bildhauers Karl-Ulrich Nuß und erinnert auch an die Zeiten, in der es auf der Weser noch Schiffe gab.

Das ehemalige Amtsgericht am Kirchplatz

Ein weiteres historisches Gebäude ist das ehemalige *königliche AMTSGERICHT*. Es wurde 1885/86 als Neubau errichtet und 1977 geschlossen. Die zivile und niedere Gerichtsbarkeit lag bei der Stadt seit ihrer Gründung; ab 1813 umfasste das neue Justizamt Oldendorf auch die umliegenden Gemeinden und wurde nach dem Anschluss von Hessen-Kassel an Preußen 1866 zum Königlich Preußischen Amtsgericht.

Im Verzeichnis der Baudenkmale des Landes Niedersachsen ist auch das rechts vom Amtsgericht stehende Haus Kirchplatz 5 aufgenommen – als „Wohnhaus 2-gesch. Ständerbau ehem. Armenhaus v. 1772". Auf dem folgenden Bild ist die Inschrift über der Tür abgebildet.

Gegenüber der Kirche stehen die Gebäude, in denen sich in meiner Schulzeit nach dem Zweiten Weltkrieg die Volksschule befand.

Die Tafel befindet sich am zweiten Gebäude von links:

**Aus der Geschichte
der Stadtschulen
in Hessisch Oldendorf**

1407 erstmalig urkundliche Erwähnung einer Schule
(älteste bekannte Bürgerschule im Wesertal)
1577 Die adeligen Familien von Holle und von Mengerßen
+ 1617 stiften erhebliche Geldbeträge zur Finanzierung
der Schulen
1617 Neubau eines Schulgebäudes auf dem Kirchplatz
1630 urkundl. Erwähnung eines „Gymnasium Oldendorpiensis"
1670 Mit dem Niedergang der Universität Rinteln
verfällt auch das Gymnasium
1830 bis 1899 Erweiterung der Schulgebäude
1929 Gründung der Höheren Privatschule / Mittelschule
1958 Neubau der Realschule an der Mühlenbachstraße
ab 1964 Neubau eines Schulzentrums mit Grund-, Haupt- und
Realschule an der Mühlenbachstraße

Wir verlassen den Kirchplatz in Richtung auf den Marktplatz und gehen nach rechts die Weserstraße in Richtung auf die Weser bis zum Einfahrtstor des MÜNCHHAUSEN-HOFES (Text der Tafel s. im Kap. „Adelsfamilien") am ehemaligen Südtor. Das im Stil der Weserrenaissance erbaute Gutsgebäude wurde ab 1583 von Börries von Münchhausen erbaut. Der dort befindliche Ritterhof stammt aus dem 13. Jahrhundert und war zunächst im Besitz der Familie von Büschen. Für das Gebäude des Münchhausen-Hofes charakteristisch (und typisch für den Stil der Zeit) sind der Treppenturm mit schräg eingesetzten Fenstern, die reich verzierten Giebel mit Kugeln und Voluten und die Dacherker (Zwerchhäuser). Hier entstand die umfangreiche wissenschaftliche Bibliothek des Ludolf von Münchhausen (1570-1640) mit über 13 00 Bänden, die leider nach dessen Tod verlorenging. Bis 1947 befand sich der Gutshof im Besitz der Familie von Münchhausen

Am ehemaligen Südtor gehen wir nach links auf den STADTWALL in Richtung „alter Friedhof". Zu Beginn dieses Wallabschnittes sehen wir rechts (mit Blick auf den Parkplatz) eine weitere Tafel des Heimatbundes Hessisch Oldendorf mit folgendem Text

---

2   Abdämmung der Weser

Das Oldendorfer Wesertal wurde von mehreren Weserarmen durchflossen, die noch heute bei Hochwasser gut zu erkennen sind.
Der Hauptarm der Weser floss direkt am „Münchhausen-Burghof" und den Stadtwällen von Hessisch Oldendorf entlang und sicherte so der Stadt erhebliche Zolleinnahmen.
Schweren wirtschaftlichen Schaden nahm daher die Stadt, als zwischen 1615 und 1682 der Landdrost Jobst von Mengerßen die Weser in den Stauwiesen bei Weibeck eindämmte.

Durch die Trockenlegung alter Weserarme wurden aber bedeutende fruchtbare Ackerflächen gewonnen, die dem Vermögen der Grafen von Schaumburg zufielen.

Dem Volksglauben nach soll Jobst für seine Tat an nebeligen Tagen ruhelos bei der alten Weser umherirren und Wanderer erschrecken.

(s. dazu auch unter Weibeck – Gut Stau)

Ich gehe den Wall entlang und verlasse ihn über eine Treppe in Richtung auf den Kreisel am „Alten Friedhof". Bis in das 16. Jahrhundert befand sich der Friedhof an der Kirche.

Infolge der Pest und anderer Seuchen wurde er zu klein und deshalb vor dem Osttor angelegt. Links neben dem Eingang direkt an der Mauer befindet sich die Familiengrabstätte BAXMANN, in welcher Johann Adolph Baxmann (1669-1739, Handelsmann), ein Enkel des historischen Cordt (Curd) Baxmann (1599-1690) begraben ist.

Sein Großvater war Türmer (Tornemann ab 1627), Stadtmusikus sowie Wirt (Pächter) des Ratskellers (ab 1648) und soll habgierig und betrügerisch gewesen sein und es so zu großem Wohlstand ja Reichtum gebracht haben. Er wurde, auch wohl wegen seines hohen Alters, Protagonist einer düsteren Sage, der wir noch an zwei Brunnen begegnen werden. Sohn und Enkel wurden auch Ratsherren und Bürgermeister der Stadt.

Eingang zum alten Friedhof – ganz links Teil der Grabstätte (-platte) Baxmann

Der Text auf der Tafel (Nr. 4) an der Grabstätte lautet:

BAXMANN-GRAB
Auf der Grabplatte ist zu lesen:
HIERUNTER RUHET DEM LEIBE NACH DER SELIGE
HERR JOHANN ADOLPH BAXMANN
BUERGER UND HANDELSMANN IN OLDENDORF
GEBOHREN IM JAHRE 1669 GESTORBEN 1739
Der hier bestattete
Johan Adolph Baxmann (1669-1739)
ist Sohn des Bürgermeisters
Johan Conrad Baxmann (1636-1716*)
und ein jüngerer Bruder von Bürgermeister
Johan Heinrich Baxmann (1668-1739**)

Es ist zweifelhaft, ob sein Großvater, der sagenhafte
Ratskellerwirt Tornemann Stadtmusikant
Cord Baxmann (1599-1690) in dieser Grabstätte
eingebettet wurde.
1789 verstarb der Handels- und Ratsherr Kaufmann
Johan Christoph Baxmann als letzter männlicher
Vertreter der Familie Baxmann in Oldendorf.

Anmerkungen: *korrigiert n. F.Kölling, **mit ?zu versehen

Am Hauptweg links nach der ersten Abzweigung befindet sich auch das Grab des Apothekers Becker (s. priv. Löwen-Apotheke am Markt) mit einer beeindruckenden Grabplatte.

Der Text der Inschrift lautet:

HIER RUHET
JOHANN ANTON
BECKER
GEW. APOTHECKER
IN OLDENDORF
GEB. D. 5. JAN: 1726
UND STARB DEN
5. JUNY 1804

HIER RUHET
REGINA MARIA BER-
THA BECKER
GEBOHRNE MEYER
WART GEBOHREN
DEN 4. DEC. 1730
UND STARB DEN
8. JUNY 1813

DER THOR VERWÜNSCHT IN SCHWACHEM
FEIGEN SINN DEN TOD:
DER WEISE STEIGT BEHERZT DIE GRUFT HINAB.
HIER SPRICHT ER ENDIGT SICH DES LEBENS
MÜH UND NOTH.
HIER DECKT AUCH MICH DAS FRIEDENS-
VOLLE GRAB.

Wir verlassen den Friedhof und sehen über den Kreisel hinweg auf die Segelhorster Straße – rechts das Gelände der ehemaligen Stuhlfabrik Heinrich Brautlecht (Habeo), gegründet von dem 1878 in Blomberg/Lippe geborenen Heinrich Brautlecht im Jahre 1906, die etwa 100 Jahre bestand. Noch heute werden im Internet *Habeo*-Möbel (und auch Habeo-Kataloge, vor allem aus den 1930er und 1950er Jahren) angeboten. Die Fabriksirene – zu Beginn morgens um 7 Uhr, zur Mittagspause um 12 Uhr und zum Arbeitsende zu etwas unterschiedlichen Zeiten nach 16 Uhr – waren für mich als Kind wichtige Zeitsignale! Auf der linken Seite steht noch das Verwaltungsgebäude – heute das Baxmann-Hotel. Die auf der Karte eingezeichneten Gebäude zwischen Lange Straße und Segelhorster Straße stammten aus den Zeiten zwischen 1906 (ehemalige Lohgerberei) bis 1956.

Von hier verlassen wir die Altstadt für einen Abstecher bis zum *Schützenhaus* – heute *Baxmann-Zentrum* genannt. Wir folgen zunächst der Segelhorster Straße, kommen an einer ehemaligen Villa (heute DRK) vorbei, die zum Unternehmen Brautlecht gehörte und in der ich oft einen Schulfreund besuchte, dessen Vater eine leitende Position in der Stuhlfabrik hatte.

Das Gebäude der ehemaligen Dampfmühle

Auf dem Weg zum „Schützenhaus" schauen wir noch an der Abzweigung zum Barksener Weg nach links auf ein hohes Gebäude an der Segelhorster Straße rechts vor dem Anstieg der Straße, in dem sich früher die *Dampfmühle* befand (zu den Mühlen später Näheres). Sie wurde als Getreide- und Sägemühle von 1869 bis etwa 1950 betrieben. Danach habe ich eine Feuerwehrübung an diesem

Gebäude erlebt, in der auch ein Sprung aus dem obersten Geschoss gezeigt wurde.

Wir biegen in den Barksener Weg ab und gelangen zum Schützenplatz. Am Kindergarten, den ich nur für kurze Zeit nach 1947 besucht habe, steht ein Denkmal zur Erinnerung an die *Schlacht bei Oldendorf.*

Kindergarten mit dem Denkmal für die *Schlacht bei Oldendorf* 1633

Die obeliskartige Stele aus Sandstein wurde am 24. Juni 1883 aus Anlass des 250. Jahrestages eingeweiht. Der Sieg braunschweigisch-lüneburgischer, hessischer und schwedischer Truppen über die Kaiserlichen wird allgemein als Sicherung des Protestantismus in Norddeutschland bezeichnet. Auf dem Denkmal sind die Jahreszahl 1883, die Wappen der siegreichen Parteien und in einem gerahmten Inschriftenfeld „Zur Erinnerung an die Schlacht bei Oldendorf am 28. Juni 1633" zu lesen. Das Datum aus dem Julianischen Kalender (bis 1700 gültig) ist nach dem bis heute gültigen Kalender auf den 8. Juli zu korrigieren.

Die in meiner Jugend noch leere Tafel auf der Rückseite wurde erst 1983 durch den Heimatbund Hessisch Oldendorf durch eine Informationstafel ergänzt.

1933 wurde dieser Sieg von den Machthabern des Dritten Reiches ausgenutzt – ausführliche Informationen dazu über folgende Webseite:

www.geschichte-hameln.de/kriegerdenmale/kdmhessischoldendorf.php.

Wohlstand und kulturelle Blüte...

.....versanken in den Wirren des
Dreißigjährigen Krieges der auch das
Weserbergland schwer heimsuchte
1633 kam es bei Hessisch Oldendorf
zur Schlacht zwischen den Kaiserlichen,
die der belagerten Festung Hameln
Entsatz bringen wollten, und den evangelischen Truppen unter Führung des
Herzogs Georg von Calenberg
Sie endete mit einem glänzenden Sieg
der Protestanten
Zum ersten Mal in der Kriegsgeschichte
wurde der Ausgang eines Treffens
durch bewegliche Artillerie entschieden
Die Mehrzahl der fliehenden
kaiserlichen Soldaten wurde durch die
erbitterten Bauern erschlagen

Tafel am Denkmal zur Schlacht bei Oldendorf 1633

Ein Abstecher führt mich hinter der Stadthalle unterhalb des Maiberges zum JÜDISCHEN FRIEDHOF neben dem neuen Friedhof.

Daneben befindet sich ein kleiner baumbestandenen Hügel an der Straße nach Krückeberg, auch als am FELSENKELLER bezeichnet – mit einem Keller, in dem früher Bier (von der ehem. *Felsenkeller-Brauerei*, Segelhorster Straße) kühl gelagert werden konnte.

Von hier gehe ich die Lange Straße zurück in Richtung Innenstadt bis zum Hotel Baxmann in der Segelhorster Straße, betrete von da aus wieder den Stadtwall und folge ihm bis zur *Mittelstraße*. Vor dem Erreichen dieser Straße, die den Stadtwall unterbricht, befindet sich rechts neben der Treppe, die in die *Wallstraße* hinunterführt, das Gelände des ehemaligen *Jüdischen Friedhofs*. Links vor der Treppe befand sich die 1924 von Heinrich Steierberg gegründete *Schaum-burger Papierwarenfabrik* (Wallstraße 14).

Reste des Jüdischen Friedhofs waren im Garten der Schuhfabrik *Krückemeyer & Söhne* noch bis 1960 zu finden, die hier von Carl Krückemeyer sen. und Ferdinand Rinne 1894 errichtet worden war. Ferdinand Rinne gründete 1901 am Westertor eine eigene Firma – das Gelände heute werden wir beim Rundgang noch kennenlernen. In den 1950er Jahre siedelte sich hier die Möbelfirma Weserberg-landmöbel an, die später vor das Westertor zog und das Fabrik-gebäude zu Wohnungen umbaute.

Juden-Gedenkstein an der Nordostecke des Stadtwalls – an der Treppe zur Wallstraße mit Gedenktafel:

46

AUS DER GESCHICHTE
DER JUDEN IN
HESSISCH OLDENDORF

1322	Erste Erwähnung von jüdischen Einwohnern in Oldendorf
1391	Erster Nachweis eines landesherrlichen Schutzbriefes
Ab 1580	Jüdische Einwohner und Familien sind durchgehend bis in unser Jahrhundert nachweisbar
1678	Erster jüdischer Friedhof an der Nordostecke des Stadtwalles
1840	Zunahme der jüdischen Einwohner 14/1770 auf 43/1840 Eigene Synagoge in einem Hinterhaus der Langen Straße
1842	Neuer jüdischer Friedhof am Felsenkeller
1848	Ein jüdischer Kaufmann wird in den Stadtrat gewählt
Ab 1936	Die meisten der 20 hier lebenden Juden verlassen unter dem Druck der Nationalsozialistischen Herrschaft Hessisch Oldendorf
3.11. 1938	In der Reichskristallnacht Übergriffe auf die Bewohner des Hauses Löwenstein
März 1942	Die letzten jüdischen Einwohner werden deportiert.

SUCHET DEN FRIEDEN
ÜBERWINDET DAS BÖSE
Städt. Kirchengemeinden Heimatbund
Hessisch Oldendorf
3.11.1996

Tafelinschrift am Gedenkstein – rechts neben der Treppe zur Wallstraße auf dem Stadtwall – am ehemaligen jüdischen Friedhof

Im Garten der ehemaligen Schuhfabrik Krückemeyer stand in meiner Kindheit noch ein Grabstein mit hebräischer Inschrift in einer der gemauerten Grotten. Der Garten zum Wall ansteigend war terrassenförmig angelegt und mit kleinen Obst(Apfel)bäumen bepflanzt. Am Wallgraben stand eine hohe Pappel, die offensichtlich zur Zeit der Firmengründung gepflanzt worden war. Sie wurde zu Beginn der 1950er Jahre gefällt und das wertvolle Holz an die Stuhlfabrik Brautlecht (für 1000 DM) verkauft. Im Wohngebäude Mittelstraße 12 ist der Autor dieser Schrift geboren.

Ehemaliges Fabrikgebäude (links) und Wohnhaus rechts (Mittelstraße 12) der Familie Krückemeyer

Am Aufgang zum Stadtwall an der Mittelstraße befindet sich eine Tafel zum *Nordturm* oder *Bürgerzwangturm*:

9 Als Teil der mittelalterlichen
Stadtbefestigung
stand an dieser Stelle der
Bürgerzwangturm.
Der aus Bruchsteinen gemauerte
Rundturm diente bis zum Bau des
Amtsgerichts im Jahr 1886
als Gefängnis, in dem
als schwerste verhängte Strafe
des Stadtgerichts
die „Turmstrafe"
verbüßt werden mußte.

Der Dienstsitz des *Scharfrichters* befand sich in der Nähe auf dem Grundstück Mittelstraße 9/Ecke Paulstraße (Nr. 8). Sein Amt war mit den Aufgaben des Abdeckers verbunden, der allein alles verendete Vieh der gesamten Grafschaft Schaumburg entsorgen durfte. So verwertete er auch neben den Hufen und Hörnern die Häute, eine wichtige Grundlage für die Oldendorfer Lederverarbeitung, für zahlreiche kleinere Schuhmacherbetriebe, bevor die Industrialisierung begann.

Von dieser Ecke (Mittelstraße/Paulstraße) schaut man auch auf die ehemalige *Kohlenhandlung* von Erich Schwedt in einer großen Scheune in Richtung auf die Wallstraße, wo ich noch in den 1950er Jahren mit einem Handwagen Kohlen für die Ofenheizung geholt habe.

Scheune der ehemaliger Kohlenhandlung (Erich (Kohlen-)Schwedt, Paul-/Mittelstraße)

Mit dem Turm am Wall wurde eine natürliche Grenze der Stadt, ein Sumpfgebiet im Norden hinter dem Wallgraben, geschützt.
Von dieser Stelle aus sehen wir auch die katholische Kirche *St. Bonifatius* (erbaut ab 1950).
Mein Rundweg führt von hier weiter auf dem Stadtwall – rechts der Wallgraben, links Gärten der Häuser an der Paulstraße, bis zur Langen Straße.
Hier befand sich in meiner Kindheit noch eine *Mühle* – die *Wassermühle Dömich*. An dieser Stelle am historischen Westertor bestand bereits seit der Stadtgründung im 13. Jahrhundert die *Stadtmühle*. Die Wassermühle wurde 1863 errichtet und mit einer Betriebsgrabenverbindung zum Rohdener Bach verstärkt. Sie war bis 1960 im Betrieb.

„1933: In Hessisch Oldendorf errinnert man durch Feiern an zwei historische Ereignisse, nämlich an die Stadtgründung, datiert auf 1233, und an die Schlacht bei Hessisch Oldendorf 1633. Im Rahmen dieser Feiern sind u.a. Stadttore aus Holz ‚rekonstruiert' worden…"

hier das Westertor am Mühlengraben (links ist das Gitter zu sehen, rechts war die Mühle von Dömich; mit Blick in die Lange Straße.
Aus dem Beitrag von Liselotte Mehler „Kindheitserinnerungen" im Heft 16 der Heimatblätter Hessisch Oldendorf (2000), S. 14.

An dieser Stelle sei auf weitere historische Oldendorfer Mühlen hingewiesen, an die jedoch keine Reste mehr erinnern. In den 1950er Jahren habe ich noch den Müller in *Dömichs-Mühle* besuchen können.

Aus der Mühlengeschichte

11   Aus der Mühlengeschichte der Stadt Hessisch Oldendorf
Die Stadtmühle am Westertor war die älteste **Getreidemühle** der
Stadt. Der Segelhorster Bach betrieb das große Wasserrad. Beim
Neubau der Mühle 1863 und Umstellung auf Turbinenwasserkraft
wurde auch das Wasser des Rohdener Baches der Mühle zugeführt.
Die Oldendorfer Windmühle drehte sich auf der Südostecke des
Stadtwalles seit 1589, brannte aber in den Wirren des 30järigen
Krieges wieder ab [daher auch auf dem Merianstich nicht abgebildet;
G.S.].
Die Oldendorfer Schiffsmühle lag seit 1587 fest vertäut auf der alten
Weser an der Südwestecke der Stadt.
7 Schleifmühlen der Schmiede am Wallgraben wurden 1655 gezählt.
Die Münchhausen-Getreidemühle an der Fuhler Weserbrücke – zum
Münchhausen-Burghof gehörig – wird bereits vor 1600 erwähnt.
Die Kokensmühle am Barksener Weg war ab 1571 **Lohmühle** des
Oldendorfer **Schusteramtes**. Hier wurde Eichenrinde zu „Lohe", die
von den Gerbern zur Lederherstellung benötigt wurde, zerkleinert.
Bis 1668 wurde die Kokensmühle gleichzeitig auch als **Walkmühle** der
Oldendorfer **Tuchmacher** bei der **Leinenbereitung** genutzt. Nach
1680 diente die Mühle ausschließlich als **Ölmühle**.
Die Dampfmühle an der Segelhorster Straße betrieb mit einer
Dampfmaschine seit 1868 bis ca. 1950 eine **Getreide- und
Sägemühle.**

Abbildung der Windmühle auf der Tafel an der ehemaligen Getreidemühle Dömich
(Ecke Langestraße/Mühlenstraße-Münchhausenring)

Bevor ich wieder in die Altstadt zurückkehre, besuche ich noch das Gelände der ehemaligen Schuhfabrik Rinne – 1890 gegründet –, wo bis in die 1970er Jahre Schuhe produziert wurden und sich heute Wohnungen befinden. An der Mauer der Gärtnerei an der Welseder Straße rechts geht es in die Straße *Westertor* – mit dem ehemaligen Verwaltungsgebäude an der Ecke Rüschstraße. Auf diesem Weg, von der Ecke der ehemaligen Mühle, wo sich Mühlenbachstraße und Fabrikstraße (nach Eröffnung der Umgehungsstraße heute Münchhausenring) treffen, war auch die ehemalige *Molkerei* (auf der linken Seite – gegründet 1897) – mit einem Storchennest auf dem verbliebenen hohen Schornstein.

Auf dem Rückweg gehe ich in die *Bahnhofstraße*, links das ehemalige Postgebäude, am Ende der ehemalige *Bahnhof*, an dem ich über neun Jahre in der Schulzeit fast täglich die Züge nach Rinteln benutzte – anfangs noch durch die erst kurz vor Eintreffen des Zuges geöffnete *Sperre*.

Vor dem Bahnhof zweigt der *Schwarze Weg* nach links und führt zum heutigen Haltepunkt der Deutschen Bahn (DB) – mit stündlichen Verbindungen sowohl nach Hameln als auch Rinteln – welch ein Unterschied zu meiner Schulzeit, als zwischen kurz nach sieben Uhr und elf Uhr am Morgen kein Zug verkehrte und nachmittags nur gegen 14 und nach 17 Uhr.

1869 wurde beschlossen, eine Strecke Nordstemmen – Hameln – Löhne zu bauen, unter Leitung des „Eisenbahnkönigs" Strousberg (1823-1884, deutscher jüdisch-stämmiger Großunternehmer der Gründerzeit), der zu dieser Zeit die Linie Hannover-Altenbeken baute. 1872 wurde mit dem Bau begonnen und am 30. Juni 1875 rollte der erste Zug durch Oldendorf. Ab 1876 verkehrten täglich drei Züge in jede Richtung.

Die frühere Fabrikstraße, an der sich auch eine Gerberei befand, heute Münchhausenring, führt über die Bahnlinie zum Gelände der ehemaligen *Zuckerfabrik* – von 1875 bis etwa 1963. Kurz vor der Stilllegung konnte ich sie noch mit meiner Schulklasse besichtigen. Heute ist hier ein „Bulli-Museum" untergebracht.

Die Zuckerfabrik in der *Kampagne* in den 1950er Jahren –
nach einem Foto in Fr. Kölling: Hessisch Oldendorf (1956)

Über den *Münchhausenweg* erreiche ich das Gelände sowohl des Münchhausen-Gutshofes als auch der *alten Weser*.

Pfahl der ehem. (historischen) Weserbrücke im „Münchhausen-Park"
(zu der Geschichte der Brücken s. auch weiter unten)

Der Text auf der Tafel an der Überdachung lautet.

Die Weserbrücken vor Hessisch Oldendorf

Ursprünglich befand sich südlich der Stadt Oldendorf eine Insel, die von zwei Weserarmen gebildet wurde. Im Mittelalter führten über diese Weserarme zwei Holzbrücken, die der Stadt den wichtigen Verkehrsweg nach Süden erschlossen. Dieser ursprüngliche Zustand des Südausganges der Stadt ist auf dem Merianstich, der während des dreißigjährigen Krieges entstand, noch gut erkennbar.

Die Unterhaltung der Brücken, die immer wieder durch „große wasserfluß, eisesnoth oder in ander wege" zerstört oder beschädigt wurden, war für die Stadt Oldendorf sehr belastend. 1602 erhielt sie vom Grafen von Schaumburg die Erlaubnis, im Bedarfsfalle einen Fährbetrieb einzurichten. Zwischen 1582 und 1616 dämmte der Landdrost von Mengersen die Weser ab. Dadurch trocknete der Nordarm der Weser aus, während der Süden das gesamte Weserwasser aufnehmen mußte. Dem war die Südbrücke nicht mehr gewachsen. Sie mußte durch eine Fähre ersetzt werden.

Die Nordbrücke war weiterhin nötig, denn der jetzt meist trockene Weserarm, der nun „Alte Weser" hieß, führte bei Überschwemmungen Wasser, auch nutzte der Steinbrinksbach das alte Flußbett. Bei winterlichem Hochwasser beschädigte das Eis die etwa hundert Meter lange Holzbrücke immer wieder. Ständig mußte sie repariert, verstärkt und neu gebaut werden, bis sie 1865 abgebrochen und durch einen Damm mit Durchlaß ersetzt wurde. Dieser Damm hat sich bis heute bewährt.

Im Jahre 1898 erhielt der Südarm, die heutige Weser, wieder eine Brücke. Damit war dem Fährbetrieb, der fast dreihundert Jahre lang die Verbindung nach Süden aufrechterhalten hatte, ein Ende gesetzt, sieht man von den Jahren 1945 bis 1953 ab, in denen noch einmal die Fähre verkehren mußte. Die alte Brücke war 1945 gesprengt worden und der Neubau ließ acht Jahre auf sich warten.

Ehemaliger Marktbrunnen am „Münchhausen-Park"

Der Text auf der Tafel am Marktbrunnen lautet:

MARKTBRUNNEN in Hessisch Oldendorf
Bei den Arbeiten zur Umgestaltung des Marktplatzes im Jahre 1993
stieß man auf die Reste des alten Marktbrunnens, der „Zücke" wie er
im Steuerbuch von 1770 genannt wurde. Er befand sich genau vor
dem ehemaligen Rathaus, an dessen Stelle sich heute die
Stadtsparkasse befindet. Der Marktbrunnen war einer der 15
öffentlichen Brunnen in der alten Stadt Oldendorf. Für „Bau und
Besserung" dieser Brunnen hatten die Benutzer zu sorgen. Nur die
Wartung der „Zücke" (wahrscheinlich Ziehbrunnen) trug die
Stadtkämmerei allein.
Es ist anzunehmen, daß die Brunnen mit der Stadtgründung um 1233
angelegt wurden, um die Wasserversorgung zu sichern.
Außer den öffentlichen Brunnen gab es auch private Brunnen. Ein
weiterer Brunnen auf dem Marktplatz befand sich in seiner
Südostecke; er wurde 1993 wieder hochgemauert. Auf alten Fotos ist
er noch als Pumpe zu erkennen.

Nach einer Analyse, die im Jahre 1878 angefertigt wurde, brachten nur sechs der öffentlichen Brunnen gutes Wasser zu Tage. Das beste Wasser lieferte der Marktbrunnen.

Die überwiegend schlechte Wasserqualität zwang die Stadt zum Bau einer Wasserleitung, die 1899 fertiggestellt wurde.

Sie bezog das Trinkwasser aus den verschiedenen Quellen des Mittelberges nördlich der Stadt. Die meisten Brunnen wurden zugeschüttet.

Von hier führt mich der Rundweg wieder in das Stadtzentrum – über die Weserstraße zurück zum Marktplatz.

MARKTPLATZ

Am Markplatz 13 befindet sich das *Rathaus*, ein „3-gesch. Rohziegelbau, an die Weserrenaissance stilistisch angelehnt v. >1900<" mit „städtebauliche(r) Bedeutung von prägendem Einfluss auf das Stadtbild" – so der Text im „Verzeichnis der Baudenkmale".

Das RATHAUS wurde 1900/01 erbaut. Zu dieser Zeit befand sich darin ein Raum für die Polizei, die Kämmerei und für den Bürgermeister. Es gab einen Aktenraum, einen Warteraum und hier hat die 1860 gegründete STADTSPARKASSE ihren Ursprung. Das erste Geschäftslokal befand sich im Haus Lange Straße 71, ab 1873 im Ratskeller und zog 1901/2 in das Rathaus ein.

Rathaus (von der Schul-/Weserstraße aus gesehen)

1969 entstand das neue Sparkassengebäude am Markt an der Stelle des ehemaligen Ratskellers – auf Postkarten vor 1945 auch mit der Angabe: Besitzer Rudolf Cordemann. Ein Amtmann namens Cordemann erhielt auch eine Grabstätte(-kammer) an der Kirchenaußenwand (nach Osten, unten rechts) von St. Marien (gest. 1770) – neben der Familie von Mengersen.

Claus von Büschen und **Metta von Holle** waren maßgeblich bei der Einführung der Reformation in der alten Grafschaft Schaumburg beteiligt. **Börries vom Münchhausen** und **Heilwig von Büschen** ließen den neuen Münchhausen-Burghof im Stil der Weserrenaissance erbauen.	**Claus von Münchhausen** und **Ursula von Quitzow** ließen den „Hochzeits"-Flügel am Münchhausen-Burghof erbauen. **Ludolf von Münchhausen** legte für 100 000 Taler ene einzigartige Bibliothek an. **Karl Ludwig August Heino von Münchhausen** Hessischer Offizier im Amerikanischen Unabhängigkeitskrieg und Deutscher Dichter.

Dieser Text befindet sich auf einer Tafel (18) an den Grabkammern (rechts im Bild), auf der über *Bedeutende Verstorbene des Oldendorfer Münchhausen-Burghofes* berichtet wird.

Der Seite des Ratskellers in der Abbildung gegenüber – an der Ecke Schulstraße/Weserstraße – steht auch eine Tafel zum „historischen Ortsschild", das sich als Original im Treppenhaus des Rathauses befindet und während der Öffnungszeiten zu sehen ist.

Die Angaben auf dem Ortsschild lauten:
Stadt Hess. Oldendorf
Kreis Rinteln
Reg. Bezirk Kassel
Landwehrbezirk Hameln
Hauptmeldeamt Hameln

23   Derartige Ortsschilder hat es im ganzen damaligen Deutschen Reich gegeben. Sie dienten in starkem Maße der Orientierung der Militärverwaltung (Landwehrbezirk und Hauptmeldeamt). Das erklärt auch das einheitliche Erscheinungsbild im ganzen Deutschen Reich.

Der Landwehrbezirk war für den militärischen Einsatz der Linientruppen zuständig und hatte bei der Mobilmachung wichtige Funktionen, im Frieden auch für die Organisation militärischer Übungen. Bezirkskommandeur war ein Oberstleutnant oder Oberst der Reserve. Das Hauptmeldeamt war eine Einrichtung des Landwehrbezirks und diente ebenso der Organisation des Ersatzheeres.

Ortsschilder im heutigen Sinne als verkehrsrechtliche Abgrenzung eines Stadtbezirks wurden erst in den 1930er Jahren eingeführt.

Ein Hinweis auf die Datierung ist die Ortsbezeichnung „Hess. Oldendorf". Sie kam erst etwa ab 1885 allmählich in amtlichen Schreiben auf. Der Begriff „Landwehrbezirk" wurde vor 1905 ersetzt durch den Begriff „Bezirkskommando" (mit derselben Funktion). In diesem Zeitraum dürfte also wohl das Schild angebracht worden sein.

Die Einrichtung der Landwehrbezirke/Bezirkskommandos bestand bis zum Ende des 1. Weltkrieges und zur Abschaffung der Wehrpflicht im Jahre 1918.

Tourist-INFO im Anbau des Rathauses (Foto von 2009)

Im Tourist-Info (hier Ansicht vom Eingang auf der Rückseite des Rathauses) – heute *Kultourismus-Forum* (die Touristinformation wurde nach Rinteln verlegt) bzw. im Bürgerbüro erhält man auch das Faltblatt *„Hessisch Oldendorf Spaziergang"* mit dem abgebildeten Plan, in dem sich die von den Tafeln zitierten Texte anhand der Ziffern finden lassen.

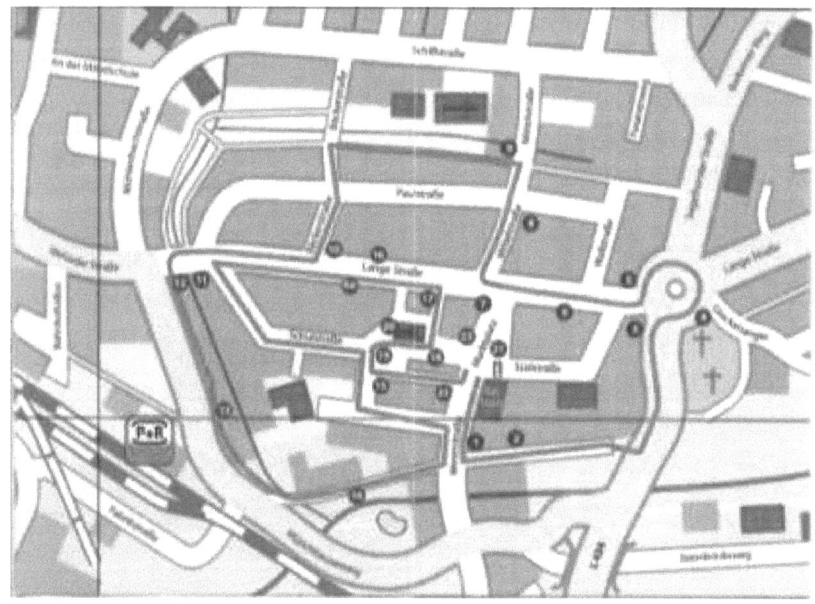

WESERSTRASSE

In der Weserstraße werden neben dem bereits besuchten „Schloss (Bauwerk) (Von Münchhausen) Wasserrenaissanceschloß mit Hofeinfahrt. L-förmiges Herrenhaus" noch zwei Gebäude im Verzeichnis der niedersächsischen Baudenkmale aufgeführt. Die im Unterschied zu den meisten anderen Gebäuden sehr ausführlichen Texte lauten:

Westerstraße 4: Wohn-/Geschäftshaus

2-gesch. Fachwerkgebäude mit niedrigem Zwerchgiebel. Dat. „1821" über der ehem. Toreinfahrt. Moderne Ladeneinbauten im Erdgeschoss. Umbau des Gebäudes wohl um 1905: Neuer Eingang mit Treppenhaus auf der Rückseite. Im Innern farbig verglaste Treppenhausfenster, zeittypische Türen und ornamentierte Rahmen. Im Ladenbereich gusseiserne Stützen (z.T. verkleidet). Durchgang zum benachbarten Lagergebäude Weserstraße 6.

Lagergebäude Weserstraße 6

Weserstraße 6: Lagergebäude
2-gesch. Lagergebäude mit verputztem Giebel zur Weserstraße. Erdgeschoss mit rustizierender Putzfelderung, Toreinfahrt mit rundbogigem Zwillings-fenster in Blendbogen. Obergeschoss mit zwei korbbogig geschlossenen „Kontorfenstern". Dreieckiger Giebel mit drei quadratischen Dachboden-fenstern. Inschrift „C.A. Holste" und Dat. „1905" im Giebel. Im Innern zwei große Lagerböden in originaler Holzkonstruktion erhalten. Originale Holztreppe. Ältester und einzig erhaltener, rein kommerziell genutzter Bau im Stadtkern.

Die Begründung für die Aufnahme in die „Vollständige Liste der Einzeldenkmale und Denkmale in Gruppen baulicher Anlagen" (Verzeichnis der Baudenkmale gem. § 3 NDSchG) vom 11.04.2018 lautet: **„...geschichtliche Bedeutung im Rahmen von Ortsgeschichte".**

Hess. Oldendorf, Ratskeller

Vor der heutigen Stadtsparkasse (ehemals Platz des Ratskellers und bis 1902 auch Rathaus) steht auch eine Informationstafel zur OLDENDORFER MÜNZE mit folgendem Text:

Oldendorfer Münze

7   Münzprägestätten der Schaumburger Grafen.

Seit 1604 unterhielten die Grafen von Schaumburg im Südwesten des Stadtwalls in den Häusern des aufgegebenen Klosters Marienstede eine Münzprägestätte, in der die echten Schaumburger Goldgulden und Apfelgroschen von den Oldendorfern Münzmeistern geschlagen wurden. In der „Kipper- und Wipperzeit" stieg die Produktion der Oldendorfer Münze enorm an und es wurden zeitweise 20 Münzgesellen beschäftigt.

Hauptnutz der Kipperei (Verarbeitung von echten Silbertalern zu minderwertigen Groschen mit Kupferzusatz) waren die Schaumburger Grafen.

Mit dem Tod des letzten Schaumburger und der Teilung der Grafschaft 1648 endete auch die alte Oldendorfer Münze.

Der hier abgebildete Ratskeller (bzw. Rathaus) wurde 1818 erbaut und nach 150 Jahren 1969 zugunsten des Neubaus der Stadtsparkasse abgerissen. In den frühen 1950er Jahren habe ich aus dem Schankraum sogar zu einem besonderen Anlass Bier in einem Krug geholt.

An der dem ehemaligen Ratskeller (heute Stadtsparkasse) gegenüber liegenden Seite des Marktplatzes wirkte zu Beginn der 1950er Jahre noch ein Hufschmied.
Heute befindet sich in der Nähe der BAXMANN-BRUNNEN.
Er wurde 2003 auf Initiative des Baxmann-Fördervereins aufgestellt. Bildhauer war Matthias Pahnke-Waldeck aus Weibeck. Der Brunnen erinnert an den Kaufmann, Ratskellerwirt und Tornemann Cord Baxmann – s. „Alter Friedhof".

Der Baxmann-Brunnen am Markt/Ecke Lange Straße

Am Markt befindet sich auch die Löwen-Apotheke. Die Geschichte der Privilegierten LÖWEN-APOTHEKE am Markt beginnt um 1620, als der Stadt Oldendorf die *Concession* zur alleinigen Haltung einer Apotheke verliehen wurde – vermutlich von Fürst Ernst von Schaumburg (1569-1622).

Als Apotheker wird in den Steuerregistern der Stadt 1630 erstmals Jobst Herbauer genannt. Sein Nachfolger wurde ein Oldendorfer Bürger, Adolf Lodeging. Er erhielt nach der Teilung der Grafschaft Schaumburg (1640) von der Landgräfin Hedwig Sophie von Hessen-Kassel (1623-1683, Regentin von 1663-1677 nach dem Tod ihres Ehemannes Landgraf Wilhelm VI.) die Concession der Apotheke auf Lebenszeit privilegiert – die Stadt hatte ihre Rechte nicht wahrgenommen, so gibt es auch in Oldendorf keine Ratsapotheke. 1724 wurde die *Concession* erneuert.

Die privilegierte Löwen-Apotheke am Markt heute

Die Räume der Apotheke befanden sich bis zu dieser Zeit im Haus Lange Straße 157 (heute Nr. 69, ehem. Buchhandlung Wehrmann) bzw. einige Häuser weiter in Richtung Welsede (ehemals Wesertalgebäude).

Die Apotheke wurde jeweils verpachtet. 1751 ist als Apotheker Johann Anton Becker nachweisbar, dem die Stadt-Apotheke *ad dies vitae* (bis zum Lebensende) überlassen wird, weil kein anderer Pächter gefunden wurde. Seine Grabstätte blieb erhalten und befindet sich auf dem „Alten Friedhof" (s. dort). Nach ihm, der keine Kinder hatte, erhielt ein Verwandter aus Rinteln, Dr. Meine, die Apotheke in Erbleihe. In dem Erbleihbrief ist festgelegt, dass er u.a. alle benötigten Weine und *Aquavit* vorrätig halten müsse.
1851 wird die Erbleihe von dem Apotheker Dunker von der Stadt abgelöst. Nach mehreren Apothekern wird sie 1937 vom Apotheker Dr. Paul Elten (1873-1950) aus Pasewalk gekauft, 1949 von dessen Sohn Paul Elten und ab 1981 vom Enkel Dr. Holger Elten weitergeführt.

Nachdem wir den Marktplatz umrundet haben, betreten wir nun die Südstraße.

SÜDSTRASSE

Aus dem Apothekenlabor entwickelte sich 1937 auch die pharmazeutische Fabrik DRELUSO, Dr. Elten & Sohn, die sich speziell mit der Herstellung pflanzlicher, natürlicher Arzneimittel und homöopathischer Präparate beschäftigt.

DRESLUSO Pharmazeutika Dr. Elten & Sohn auch neben dem Forsthaus in der Südstraße seit 1974 (Verwaltung Markt 5) Gelände ehem.. Burgmannshöfe

Links des Forsthaus – ehemals Gelände der Burgmannshöfe von Post/ von Campe

Das Staatliche Forstamt Oldendorf wurde 1867 als „Oberförsterei Oldendorf" erwähnt und wurde aus den zwei selbstständigen kurfürstlichen hessischen Revierförstereien Zersen und Bensen gebildet. Aus den Waldbeschreibungen von 1878 ist eine Gesamtfläche von etwa 2880 ha Waldbestand zu entnehmen. Um 1880 gehörten zur Oberförsterei Oldendorf folgende Förstereien: Pötzen, Zersen, Langenfeld, Segelhorst, Schaumburg, Todenmann, Bernsen (Auetal) und später auch Rohden. Die Zuordnung der Förstereien änderte sich im 20. Jahrhundert mehrmals. Nach 1933 wurde es als *Forstamt Oldendorf* bezeichnet. Dem heutigen Niedersächsischen Forstamt Oldendorf unterstehen 13 Revierförstereien in den Landkreisen Schaumburg, Hameln-Pyrmont und Holzminden.

In der Südstraße ist noch das Haus Nr. 2 – ein Dielenhaus mit Utlucht von 1550 – bemerkenswert.

Südstraße Nr. 2
(3-schiff. Längsdurchgangsdielenhaus)

71

LANGE STRASSE

Von dort gehen wir nach links in die *Lange Straße*.

Dort – und auch in der Mittel- sowie Schulstraße – werden wir auf unserem Rundgang, der wieder auf dem Markt enden wird, weiteren Häusern vor allem aus dem 16. und 17. Jahrhundert begegnen.

Der Name und die Straßenführung sind charakteristisch für viele niedersächsische Städte. In dieser Straße, die erst nach dem Bau einer Südumgehung vom Verkehr entlastet wurde, stehen noch einige historische Gebäude, deren Baustil trotz zahlreicher Umbauten und Renovierungen erkennbar ist.

In vielen Fällen lohnt sich vor allem der Blick „nach oben"!

Lange Straße Nr. 90 – Werkhaus (ehem. Schlachterei Kahler)

Dieses giebelständige, mit Schiffskehlen, Flechtbändern und Rosetten verzierte Haus entstand zur Zeit wirtschaftlicher Blüte, dem Baustil nach als Zeit der Weserrenaissance bezeichnet. Das Dielenhaus, das ich noch als *Schlachterei Kahler* gekannt habe, wurde 1563 erbaut, wird heute vom gemeinnützigen Verein „Werkhaus e.V." genutzt und dient als kulturelle Begegnungsstätte. Im Verzeichnis der Baudenkmale ist es wie folgt beschrieben:

„Wohn-/Wirtschaftsgebäude, ehem. Renaissancefachwerkbau in Ständer-/Stockwerksbauweise. Längsfahrt, v. 1563 (...) geschichtliche Bedeutung aufgrund des Zeugnis- und Schauwertes für Bau- und Kunstgeschichte".

Weitere bemerkenswerte Häuser (bis zum Markt) sind folgende Gebäude (in Klammern jeweils Angaben aus der Denkmalliste):

Nr. 85: Bank-Neubau Volksbank (1983), dahinter ein zwischen 1500 und 1550 errichtetes Fachwerkhaus („Nur Rückgebäude: spätgot Saalanbau, 2-stöck. Fachwerkkonstruktion um >1550<")

Nr. 84: zweigeschossiger Bau mit einem Krüppelwalmdach – die Stockwerke sind einzeln abgezimmert; es wurde 1746 durch den Oldendorfer Kaufmann und Bürgermeister Gelshorn errichtet. („Stattl. 2-stöck. Bürgerhaus in Fachwerkonstruktion...")

Nr. 77: Wohnhaus („2-stöck. Fachwerkbau v. >1825< (...) städtbauliche Bedeutung von prägendem Einfluss auf das Straßenbild")

Erinnerungstafel am Haus Lange Straße 73

Der Text auf der abgebildeten Tafel am Haus Nr. 73 erinnert an die Geschichte der Poststation.

Die Gründung der *reitenden Post* fand in einer Zeit statt, als die Friedensverhandlungen zur Beendigung des Dreißigjährigen Krieges in Münster (und Osnabrück) begonnen hatten. In einer preußischen Verordnung (21. April 1646) ist u.a. zu lesen, dass diese *Posten* eingerichtet werden sollten, „weil zuvörderst dem Kauf- und Handelsmann hoch und viel daran gelegen sei". 1649 wurde vom Geheimen Staatsrat in Berlin beschlossen, Verwaltung und Betrieb des Postwesens ganz vom Staat zu übernehmen – und so führte der Hauptpostkurs der *Kurbrandenburgischen Post*, der von Memel bis Cleve reichte, auch durch Oldendorf. Die eingerichteten Stationen wurden in Entfernungen von drei Meilen eingerichtet. Die Post von Cleve bis Königsberg dauerte 10 Tage, ab 1655 zweimal wöchentlich. Die Strecke durch Oldendorf hatte von Hildesheim aus als benachbarte Stationen Unsen bzw. Luhden in Richtung Minden.

Am 1. Juni 1692 konnte der Postmeister Schröder seinem Kurfürsten in Kassel die Eröffnung der Fahrpostlinie melden. In einem seiner Berichte ist zu lesen:

„Die gestrige Post brachte 4 Personen von Halberstadt, 2 Personen von Hildesheim bis Oldendorf, 1 Person von Oldendorf nach Minden, ging mit guter Ladung und 2 Personen weiter nach Bielefeldt und nahm 3 Personen von Minden nach Halberstadt mit." (zitiert nach W. Alpers in „750 Jahre Hessisch Oldendorf")

1754 erwarb Preußen – unter der Regierung von Friedrich dem Großen – durch einen Vertrag mit der kurhessischen Regierung auch rechtlich das zuvor schon erfolgte freie Durchgangsrecht durch Oldendorf, „der einzigen durch preußische Posten berührten Poststation auf hessischem Gebiet." (W. Alpers) Bis 1844 befand sich offensichtlich neben dem kurhessischen Postamt auch eine preußische Poststation. Und weiter stellt W. Alpers fest:

„Die Einwohner Oldendorfs konnten neben der schon seit langer Zeit vorhandenen Thurn- und Taxisschen Briefpostanstalt auch die preußischen Reitposten benutzen."

Und seit 1816 verkehrte auch eine Fahrende Post von Oldendorf nach Rinteln zweimal wöchentlich. Ab 1865 gab es einen täglichen Postverkehr mit Postkutschen von Hameln nach Oldendorf und weiter nach Steinbergen und Bückeburg.

Vor 1900 zog die Post in die Bahnhofsallee Nr. 10 („alte Post") und 1937 erbaute man das Postgebäude auf der gegenüberliegenden Seite.

MITTELSTRASSE
Das älteste Haus der Stadt

Utlucht des Hauses Mittelstraße Nr. 1

Bei diesem Gebäude handelt es sich um das älteste noch erhaltene Wohnhaus der Stadt. Es wird auf das Jahr 1543 datiert – die Utlucht stammt aus dem Jahre 1581 und wird mit dem Namen *Jost von Nussen* verbunden. Es gehörte Jobst von Mengerssen, der hier jedoch nicht wohnte. Als hier in den 1950er Jahren die Familie Wellhausen wohnte, bin ich als Schüler dort häufiger gewesen, um Flaschenlimonade (Bad Pyrmonter mit Apfel- oder Zitronengeschmack) oder Flaschenbier zu holen. Damals wohnten wir noch in der Mittelstraße 12.

LANGE STRASSE (Fortsetzung)
Nr. 63: zweigeschossiges Dielenhaus mit Zwischenstock und zwei ungleichen Utluchten, erbaut 1563, mit einem mit Fächerrosetten verziertem Giebel.

Lange Straße 63

Der Text in der Liste der Baudenkmale lautet:
„**Wohnhaus** 3-schiff. Hallenhaus 2-gesch. Seitenschiffen in Fachwerkkonstruktion v. >1563< ... geschichtliche Bedeutung

76

aufgrund des Zeugnis- und Schauwertes für Bau- und Kunstgeschichte". – Es handelt sich um das „Blumenthalhaus" – lange im Besitz von Schlachterfamilien. Die letzte Metzgerfamilie Blumenthal fiel – wie alle Oldendorfer Juden zwischen Oktober 1941 und Juli 1942 – Deportationen zum Opfer.

Nr. 62: Traufenhaus mit seitlicher Diele, um 1550 erbaut, dessen freistehender Giebel über Knaggen weit vorragt (Blumengeschäft)

Lange Straße Nr. 64 (ehemals Bäckerei Habermann)

Nr. 60: Die Beschreibung im Verzeichnis der Baudenkmale lautet: „Wohnhaus. Renaissancebürgerhaus, 2-stöck. Fachwerkbau, 2-schiff. Grundriß mit Sackdiele und spätgotischem Steinwerk v. >1576<. *Bedeutung*: Geschichtlich. Städtebaulich; *wesentliche Begründung* ... geschichtliche Bedeutung aufgrund Zeugnis- und Schauwertes für Bau- und Kunstgeschichte."

Lange Straße Nr. 60 (Ratsstuben) – Gasse zur St. Marien-Kirche (Turm)

In der Zeit nach dem Zweiten Weltkrieg befand sich dort die Schneiderei Wissel mit einem kleinen Hutgeschäft. Im ersten Stock wirkte noch der Senior im „Schneidersitz" auf einem großen Tisch nähend an Kleidungsstücken!

Wir gehen die Lange Straße weiter bis zur Abzweigung der Schulstraße nach links.

SCHULSTRASSE

Schulstraße: Nr. 10, 12, 14 (vom PKW aus nach links)

Zu den abgebildeten Gebäuden vermittelt das Verzeichnis der Baudenkmale folgende Informationen.

Nr. 10: Wohnhaus. 1 ½ -gesch. Fachwerkbau mit Längseingang v. >1607<

Nr. 12: Wohnhaus. 1 ½ -gesch. Fachwerkbau mit Längseingang v. >1806<

Nr. 14: Wohnhaus. 2-stöck. Fachwerkbau ehem. Armenhaus v. „1766" mit Saalanbau v. 1840.

In der Schulstraße, am Eingang zum Kirchplatz, wo mein historischer Rundgang nach etwa zwei Stunden endet, steht auch eine Tafel zum „Armenhaus".

Schulstraße Nr. 12 und 14 (ehem. Armenhaus)

Die Tafel vor dem Schulgebäude verzeichnet folgenden Text:

15	Von alten Stiftungen und sozialen Einrichtungen
1368 bis 1562	„Kalanderbruderschaft zu Oldendorf" (spätmittelalterliche, wohltätige Laienbruderschaft)
1477 bis 1606	Augustinerinnen-Kloster „Mariastede" (Schwesternhaus für alleinstehende Frauen und Witwen)
seit 1530	„Hospital zum Heiligen Geist" (Städt. Armen- und Siechenhaus)
seit 1562	Stiftung „30 Arme unter dem Turm" (letzte heute noch bestehende soziale Stiftung)

Neben dem Text ist das Bild des Hauses Schulstraße Nr. 14 (s.o.) zu sehen – mit dem Hinweis: *Ein ehemals Leibeigener aus Krückeberg, der in der Fremde zu Ansehen und Vermögen gekommen war, stiftete den Armen „ein Haus des Heiligen Geistes zu ewigen Zeiten".*

Zur Ergänzung sei hier ein Ausschnitt aus dem Buch von F. Kölling „Hessisch Oldendorf" (1956) zitiert:

„Der schaumburgische Kaland wurde 1368 zum ersten Male urkundlich erwähnt. In diesem Jahre verkaufte ihm Graf Otto von Schaumburg zwei Hufen Land vor Oldendorf. In einer Urkunde des Bischofs von Minden von 1403 hören wir von der Zusammensetzung des Kalandes. Danach gehörtem ihm Priester und andere Personen des Landes an. Wenn sich diese bisher jährlich abwechselnd in den Kirchen von Stadthagen, Oldendorf und anderen Kirchen trafen, so fanden diese Zusammenkünfte jetzt öfter im Jahre statt. Sie waren später auf bestimmte Tage im Kalenderjahre festgelegt, daher der Name Kaland.

(...)

Der Dekan des Kaland verwaltete gleichzeitig die 1541 gegründete ‚milde Stiftung zum Heiligen Geist'. Ihr Stifter, Henning Dankmar, Vikar zu Hamburg, wahrscheinlich derselbe, dem Graf Anton 1520 aus der Leibeigenschaft entließ, war in Krückeberg geboren. Er hatte nach seinem Tode 1541 der Stadt ein Haus zwischen Tönnes von Weibergens Hofe am Kloster und Heinrich Vermanns Hofe (heute städtisches Armenhaus) und ein Kapital von 200 Goldgulden hinterlassen. Aus diesem Vermächtnis sollten Bedürftige aus Dankmars Geschlecht oder andere Personen unterstützt werden."

Im mehrmals zitierten „Verzeichnis der Baudenkmale gem. § 3 NDSchG" (Stand 11.04.2018) sind für Hessisch Oldendorf insgesamt 35 Baudenkmale (u.a. auch die Wallanlagen, Scheunen und Mauern) aufgeführt, von denen ich auf meinem Rundgang nur einen Teil beschrieben habe.

Ich erwähne noch das Wohnhaus Nr. 22 (ehem. Armenhaus des 17. Jahrhunderts) und die abgebildete Scheune („*Kohlen-Schwedt*") Nr. 48, beide in der *Paulstraße*, sowie das Wohnhaus *Bahnhofstraße* 4 (um 1880) und die Gebäude in der *Weserstraße* 1,4 und 6 (zu Nr. 4 und 6 s. S. 65 u. 66).

Zur Entwicklung der Einwohnerzahlen
1795: 1208 – **1823**: 1175 – **1858**: 1252 – **1871**: 1343 – **1885**: 1630 – **1905**: 1941 – **1925**: 2070 – **1939**: 2498 – **1950**: 4750 – **1961**: 4310 – **1970**: 4347 – **1983**: 4832 – mit allen Gemeinden heute: 18119 (2015) – **Kernstadt: 5585**.

Erweiterte Rundgänge können über die Altstadt hinaus in den nördlichen Teil der Stadt u.a. zur *Neurologischen Klinik* (mit dem daran anschließenden Kurpark und einem weiteren Baxmann-Brunnen) führen. (Dieser Brunnen zeigt nicht den Türmer Baxmann sondern seinen Sohn, den Bürgermeister, im Ornat mit großem weißen Kragen.) Die Keimzelle ist das Haus „Baxmann" (1926), das zwischen den Weltkriegen als Jugendherberge genutzt wurde (daneben befand sich der Sportplatz). 1936 entstand auf dem Gelände eine Segelfliegerschule, für die eine Holzbracke erbaut wurde. In ihr praktizierte nach dem Zweiten Weltkrieg zunächst ein Lungenfacharzt; ab 1957 diente sie unter dem Namen „Korea" als Unterkunft für Hirnverletzte (später abgerissen). Von 1945 bis 1957 wurde die ehemalige Jugendherberge als „Tbc-Krankenhaus und Röntgenstelle" (Außenstelle des Kreiskrankenhauses Rinteln) genutzt. Ab 1957 entstand hier vom „Bund hirnverletzter Kriegs- und Arbeitsopfer", später „Bundesverband Rehabilitation e.V." (BDH) eine moderne Fachklinik für alle Bereiche der Neurologie – s. auch folgende „Meilensteine".

Der vorgestellte Rundgang ist – wie auch an einigen Anmerkungen zu erkennen – ein sehr persönlich geprägter historischer Spaziergang durch meinen Geburtsort, von dem ich durch einen interessierten Lehrer, Bruno Wanke, der aus Ostpreußen stammte, schon viele Details in meiner Grundschulzeit erfahren habe.

Im Vergleich zum empfohlenen Rundgang im genannten Faltblatt habe ich die Informationen zum „7-jährigen Krieg" (Nr. 16 – in der Langen Straße), zu den „alten Gerbereien am Bach" (Nr. 13) und zum „historischen Stadtgrundriss" (Nr. 22 am Marktplatz) hier ausgelassen, da ich die Fakten bereits zu Beginn des Kapitels im Überblick zur Stadtgeschichte bzw. anderer Stelle erwähnt habe.

Ausgewählte Meilensteine in der Entwicklung der Stadt im vergangenen halben Jahrhundert

Eröffnung der Neurologischen Klinik „Haus Niedersachsen" 1957 (s.o.)

Bau der neuen Mittelschule (Realschule) an der Mühlenbachstraße 1957/58 (ab 1979 Grundschule) und 1963/64 Bau der neuen Volksschule (ab 1979 Realschule) sowie der neuen Hauptschule (1973/74) zur Entstehung des *Oldendorfer Schulzentrums* (bis 1979)

Entstehung der Siedlung *Keukenhof* (1964/65 als Garnison niederländischer NATO-Soldaten)

Baubeginn auf dem *Maiberg* (1967/68)

Neubau der *Stadtsparkasse* (1969)

Bau des Altenheimes „*Eberhard Poppelbaum*" (1969) – Klosterstraße

Baubeginn *Kolpingsiedlung* (1970)

Stadionbau am Barksener Weg abgeschlossen (1970/71)

Gemeindereform (1973) – Hessisch Oldendorf wird *Stadt mit 23*, mit Wahrendahl, *24 Dörfern*

Anlegung des Bergparks am „Haus Niedersachsen" 1973

Südumgehung (Verfahren begonnen ab 1982) mit Anschluss Wehrbergen bis Hameln abgeschlossen 2009
(Über Planungen einer Umgehungsstraße schon nach dem Ersten Weltkrieg weiß ich auch noch aus den Berichten meines Großvaters zu Beginn der 1950er Jahre!)

Die Weserbrücken nach Fuhlen

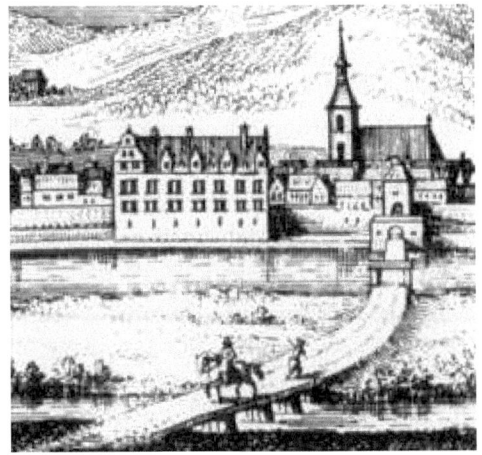

Die zwei Brücken im MERIAN-Stich von 1647

Abbildung aus F. Kölling: Hessisch Oldendorf (1956)

Über die Geschichte der „Weserbrücken bei Fuhlen" hat Horst *Knoke* eine umfassende Studie veröffentlicht, die vor allem auch auf die Brücken im MERIAN-Stich eingeht. Aus seinen Darstellungen geht hervor, dass der MERIAN-Stich *die Situation vor der Abdämmung des nördlichen Weserarms 1615* zeigt. Die folgende Ausführungen, soweit sie die Brücken direkt betreffen, beruhen auf dieser Veröffentlichung in den „Heimatblättern Hessisch Oldendorf", Heft 9 (1993).

Oldendorf war bereits ab 1407 nachweislich durch zwei Holzbrücken verbunden, die auch im Merianstich noch zu sehen sind. 1227 gab es bereits eine Weserfähre. Die Nordbrücke am Wesertor, auch 1511 als kleine Weserbrücke bezeichnet, war fünfjochig. Die Südbrücke nach Fuhlen war größer. 1643 jedoch wurden diese mittelalterlichen Brücken durch eine Überschwemmung zerstört und durch eine Fähre ersetzt (s. auch Text der Tafel auf S. 57).

Die Kettenbrücke bis 1945

Die auf der abgebildeten Postkarte (folgende Seite) dargestellte Kettenbrücke über die Weser von Fuhlen nach Hessisch Oldendorf ist infolge der Errichtung einer Zuckerfabrik (1875) errichtet worden. Anstelle des bisherigen Fährverkehrs, die für das aus dem Transport von Zuckerrüben entstandene Verkehrsaufkommen nicht mehr ausreiche, wurde 1898/99 die Kettenbrücke errichtet, die zuvor in Hameln gestanden hatte. Sie wurde zwischen 1837-1839 von der hannoverschen Regierung nach Plänen von Wendelstädt erbaut, und war dort abgebrochen worden. Wendelstädt wurde im „Journal für die Baukunst" von 1841 als „Königl. Hannöverscher Ingenieur-Captain und Wegebaumeister" und auch als bedeutender *Cement-Producent"* bezeichnet. Die Brücke wurde noch am Ende des Zweiten Weltkrieges durch eine Sprengung im April 1945 von deutschen Pionieren zerstört.

Postkarte aus dem Jahre 1939

Gruß aus Hess. Oldendorf

Ausschnitt aus einer Postkarte aus den 1960er Jahren

Die auf dem Ausschnitt einer zweiten Postkarte abgebildete Bogenbrücke wurde 1951 bis 1953 gebaut. Als Schüler war ich noch ein häufiger Benutzer der Weserfähre nach Fuhlen, manchmal mit Erlaubnis des Fährmannes auch im Beiboot.

Aus der Festschrift zur „Einweihung der Weserbrücke zwischen Hessisch Oldendorf und Fuhlen am 17. Oktober 1953" stammt das folgende Foto (offensichtlich von meinem Großvater Georg Schwedt oder meinem Onkel Heinz Schwedt) – noch mit der Fähre abgebildet.

Das jüngste Ereignis ist der Bau einer neuen Brücke neben dieser Brücke, die am 20. Oktober 2017 von Fuhlen aus auf ihre Pfeiler geschoben (bzw. gezogen) worden war. Im Frühjahr 2018 wird dann die alte Weserbrücke, fast 65 Jahre alt geworden, außer Dienst gestellt. Ihre Errichtung zu Beginn der 1950er Jahre habe ich als Schüler immer wieder beobachtet, vor allem das Einrammen der Pfeiler häufig verfolgt. Auch bei der Freigabe am 17. Oktober 1953 um 15 Uhr war ich dabei.

Die alte (links) und die neue Weserbrücke von Fuhlen aus gesehen
im Juli 2018,
nur für Radfahrer und Fußgänger freigegeben

Zur Geschichte der Weserbrücken

Vor 800: Ungesicherter Überlieferung zufolge ist bereits ein Flußübergang vorhanden, der von Sachsen und Franken benutzt wird.

1407: Die Weser zwischen Fuhlen und Hess. Oldendorf besteht noch aus zwei Flußarmen, die ersten Holzbrücken sind nachweisbar.

1648: Die Holzbrücke bei Fuhlen ist baufällig und z.T. zerstört, zum Wiederaufbau fehlen die Mittel, eine Fährverbindung wird eingerichtet.

1898/99: Eine Kettenbrücke wird errichtet, diese Brücke stand zuvor in Hameln.

30.11.1941: Letztmalig wird Brückengeld kassiert.

05.04.1945: Deutsche Soldaten sprengen die Brücke, erneut wird eine Fähre eingesetzt.

1951-1953: Die heutige Brücke wird gebaut.

Heimatbund Hessisch Oldendorf e. V

Tafel an der Wand des Hauses vor der Weserbrücke von Fuhlen nach Hessisch Oldendorf
(zu den Weserbrücken s. auch text auf S. 57 – Hessisch Oldendorf9

89

DIE 24 DÖRFER und ihre Geschichte

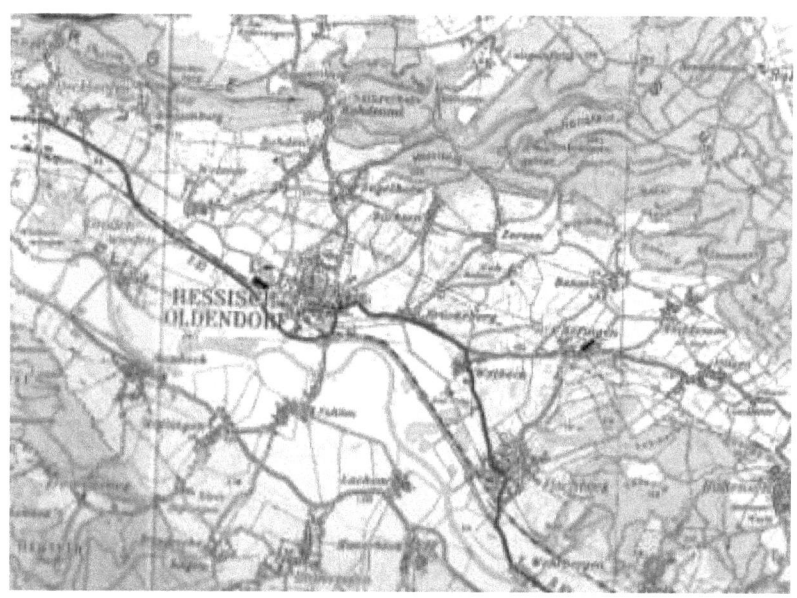

Carl Cordemann schrieb 1983 in seinem Beitrag „Die Gemeindereform 1973" im Band „Hessisch Oldendorf 750 Jahre", dass durch die „Verordnung über den Zusammenschluß der Stadt Hessisch Oldendorf mit zwei Gemeinden ihres Umlandes" zum 29. Januar 1973 die neue große Einheitsgemeinde Stadt Hessisch Oldendorf entstand – und er bemerkt:
„Alle 23 ehemals selbständigen Dörfer und Gemeinden haben ihre eigene, jahrhundertelange Geschichte aufzuweisen."
[mit *Wahrendahl* sind es 24 Dörfer!]

Der Charakter eines Dorfes im 19. Jahrhundert, wie er oft bis in die Mitte des 20. Jahrhunderts erhalten blieb, wird sehr anschaulich im „Bilder-Conversations-Lexikon. Ein Handbuch zur Verbreitung gemeinnütziger Kenntnisse und zur Unterhaltung" (F. A. Brockhaus, Leipzig 1837) – ein frühes *BROCKHAUS-Volkslexikon* – beschrieben.

Als allgemeine Einleitung zur jeweiligen Geschichte dieser Dörfer sei dieser Text hier vollständig zitiert:

Dorf nennt man eine Anzahl auf dem Lande mehr oder weniger nahe zusammenliegender, meist zur Betreibung der Landwirthschaft eingerichteter Häuser, deren Bewohner meist Bauern sind und eine Gemeinde bilden, und D o r f m a r k u n g heißen sämmtliche zu einem Dorfe gehörende Grundstücke. Dörfer kommen schon im Mittelalter mit einer Gemeindeverfassung und eigenen Gerichten vor und auch neuere Gesetze behandeln sie als Gemeinden, gestehen ihnen indeß weniger Vorrechte zu als den Städten. Zur D o r f - g e m e i n d e gehören alle Einwohner des Dorfes, welche den gewöhnlichen Gerichten unterworfen sind, doch haben sie in Gemeindeangelegenheiten nicht alle gleiches Stimmrecht; dieses steht in der Regel nur den angesessenen Bewohnern zu, auch haben bloße Miethleute oder sogenannte Einwohner, Einlieger keinen Antheil an dem Gemeindevermögen und am Genusse der Gemeinde-besitzungen. Dagegen sind sämmtliche Dorfbewohner verbunden, zu den Gemeindelasten, z. B. zur Ausbesserung der Straßen, zur Herstellung der nöthigen Sicherheit durch Dorfwachen u.s. w. mit beizutragen, wenn diese nicht ausschließlich zum Vortheil eines Theils, z. B. der Angesessenen, gereichen.

Die Dörfer haben auch in der Regel ihre eignen Vorsteher, S c h u l z e n oder R i c h t e r genannt, welche die Gemeinde selbst wählt oder auch die Gutsherrschaft ernennt, wo eine vorhanden ist. Ein Schulze muß nothdürftig lesen und schreiben können und in gutem Rufe stehen; er hat mit Zuziehung der Schöppen das Vermögen der Gemeinde zu verwalten, ihr die obrigkeitlichen Verfügungen bekannt zu machen und hauptsächlich auf Alles zu achten, was das gemeine Beste des Dorfes angeht. Er hat auf Befolgung der Dorf- und Landespoliceivorschriften zu halten, zu sorgen, daß die Grenzpfähle und Zeichen der Dorfmark nicht verändert werden, daß Nachtwächter und alle im Dienste des Dorfs stehende Leute ihre Schuldigkeit thun und bildet mit wenigstens zwei Schöppen oder Gerichtsmännern, den D o r f g e r i c h t s p e r s o n e n, die D o r f g e r i c h t e, welche die niedere Policei ausüben und in manchen Fällen, z. B. bei Criminalsachen, als Beisitzer zugezogen werden, um gerichlichen Handlungen größere Glaubwürdigkeit zu geben. In manchen Ländern, z. B. in Sachsen, ist die Würde des Dorfrichters erblich mit dem Besitze eines bestimmten Gutes verbunden, welches dafür bestimmte Vortheile, z.B. die Schankgerechtigkeit, genießt. Ist indeß der Besitzer zur Verwaltung des Amtes nicht fähig, so muß er auf seine Kosten einen tüchtigen Stellvertreter schaffen, dessen Bestätigung bei der vorgesetzten Behörde nachzusuchen ist.

In den meisten Ländern sind die Dörfer in Bezug auf Handel und Gewerbe noch mannichfachen Beschränkungen unterworfen und in Sachsen ist z.B. nur der Handel mit landwirthschaftlichen Producten den Dorfbewohnern ganz frei gegeben, jeder andere Großhandel aber verboten, Kleinhandel insofern gestattet, als sich auf jedem Dorfe ein Krämer, L a n d- oder D o r f k r ä m e r, niederlassen darf, welcher indeß nur mit einigen, den Landbewohnern unentbehrlichen Bedürfnissen handeln, auch keine Diener und Lehrlinge halten darf.

Auch sollen auf dem Lande von Handwerkern nur Zimmerleute, Maurer, Schneider, Grob- und Hufschmiede, sowie Wagner oder Stellmacher geduldet werden und zwar von jedem dieser Hand-

werker nur ein Meister in jedem Dorfe; diese D o r f- oder L a n d -
m e i s t e r dürfen aber nicht in die Städte arbeiten. Dergleichen mit
geläuterten staatswirthschaftlichen Grundsätzen unvereinbare, aus
der Übermacht, welche die Städte in frühern Zeiten durch ihren
Reichtum erlangten, herstammende Beschränkungen der Gewerbs-
freiheit sind in manchen Staaten, z. B. in Preußen, bereits zusammen-
gefallen; auch ist die Gesetzgebung überall darauf bedacht, durch
zeitgemäße G e m e i n d e- oder D o r f o r d n u n g e n die Verhält-
nisse der Landbewohner besser zu ordnen.

DÖRFER RECHTS DER WESER

1. BARKSEN

Aus 234 Dokumenten im NLA Bückeburg:

1314: Die Herzöge Johann und Erich zu Sach(s)en, Engern und Westfalen schenken auf Bitte ihrer Schwester Helen, vermählte Gräfin zu Holstein-Schaumburg, der Kirche und Kloster zu Obernkirchen (...) 3.) eine Kote in Barksen... (NLA BU, Orig. Dep. 2, Nr. 134)

1319 (11.2.): Graf Adolf VIII. zu Holstein-Schaumburg schenkt dem Zisterzienserkloster in Loccum, Mindener Diözese, zum Seelgedächtnis seines verstorbenen Vaters Adolf im Einverständnis mit seiner Mutter Helen und seinen Brüdern Gerhard und Erich (...) den Zehnten in Barksen bei Segelhorst, der im Besitz des Ritters Johann von Bardeleven war und Lehnsbesitz der Mindener Kirche ist... (NLA BU, Orig. F, Nr. 212)

1367: (04.06.1367) Attest des Probstes Gerhard, Priorin Gesa und des ganzen Convents des Stifts zu Obernkirchen, daß Rotger von Wulbeck und dessen Ehegenossin ihren Kothof zu Barksen mit allen Zubehörungen der Küsterei oder Küster-Amt geschenkt habe, zu Behuf der Wandleuchter, Wein und Oblaten (NLA BU, Orig. Dep. 59, Nr. 1)

1529: Verzicht der von dem Busche auf Holzgrafschaft und jegliche Holzrechte oberhalb Barksen (Barkhausen) und Zersen sowie im Viehr und Rumbecker Berg zu Gunsten des Grafen Jobst von Holstein-Schaumburg (NLA BU, L 1, Nr. 10252)

1560: Feindschaft des Jacob vom Hartz genannt Nigehans gegen die Dorfschaft Barksen (NLA BU, L 1, Nr. 8995)

1579: Von Pfarre und Küsterei zu Weibeck beanspruchte Einkünfte der Kapelle zu Barksen (NLA BU, Dep. 22, Nr. 1878)

Auf dem Merianstich „Die Schlacht von Oldendorf" 1633 ist Barksen mit einer Kapelle eingezeichnet, die in späterer Zeit offensichtlich verfallen ist und abgerissen wurde.

Ausschnitt des Merianstichs „Schlacht bey Oldendorpe" von 1644
(*Barchusen* – s. Schrift an der Kirche)

Barksen liegt einen Kilometer nordöstlich von Hessisch Oldendorf am Fuße des Mittelberges (297 m). In der ersten nachweisbaren Urkunde aus dem Jahre 1244 ist ein *Meinfridus von Barchusen* im Zusammenhang mit einem Eigentumsstreit zwischen dem Bischof von Minden Johann von Diepholz (*um 1175-1263, seit 1242 Bischof) und dem Grafen von Scowenborg (Schaumburg) genannt. Nach anderen Quellen soll die erste Urkunde zu Barksen erst aus dem Jahr 1305 stammen.

1319 verzeichnet eine Urkunde im Kloster Loccum die Ortschaft *Barchusen* (Berghausen).

Im Juni 1633 fand im Dreißigjährigen Krieg die Schlacht zwischen den Kaiserlichen Truppen, die Hameln belagerten, und den evangelischen Schweden unter dem mit ihnen verbündeten Herzog Georg von Braunschweig-Lüneburg mit insgesamt 30 Tausend Mann statt,

worüber auch der Kupferstich von MERIAN berichtet. 5000 Soldaten fanden den Tod, Herzog Georg siegte und Hameln wurde befreit.
Friedrich Kölling hat über diese Schlacht ausführlich berichtet:
„Die Schlacht bei Hess. Oldendorf am 28.6.1633" (Bösendahl, Rinteln 1953)
Ein Sprung zum 20. und 21. Jahrhundert:
1898 pachtet der Barksener Gastwirt *Ossenkop* die 1890 vom damaligen Verschönerungsverein von Hessisch Oldendorf errichtete *Baxmann-Baude* im Totental am Hohenstein (in der Nähe zu Zersen). 1907 übernimmt sein Sohn Wilhelm die Baude, errichtet nach dem Ersten Weltkrieg einen Neubau – als „Bretterb(a)ude von 8 x 4 m" bezeichnet, und lässt 1955 erneut einen Neubau errichten, der bis heute besteht.

In unmittelbarer Nähe zur Baxmann-Baude befindet sich auch die sogenannte *Baxmann-Quelle* am Blutbach (s. dazu unter Langenfeld). Bei der „Baxmann-Quelle" handelt es sich nicht um eine echte hydrologische Quelle, sondern um einen mit Steinen umgrenzten Teil des Blutbaches, über deren historischen Hintergrund eine Tafel (auf einem Stein) mit folgendem Text informiert:
Zur Baxmann-Sage. Cord Baxmann lebte von 1599-1690 in Oldendorf. Er war jahrzehntelang Wirt des Ratskellers am Marktplatz, erfolgreicher Kaufmann und Stadtmusicus. Im Amt des Tornemanns wachte er über die Sicherheit der Stadt. Sein schnell erworbener Reichtum bescherte ihm viele Neider. Schlimme Gerüchte wurden über ihn verbreitet. Der Sage nach soll er nach seinem Tode wieder in

der Stadt erschienen sein. Die Oldendorfer waren entsetzt und ließen Baxmann in den Süntel verbannen. Dort sollte er mit einem Siebe eine Quelle leerschöpfen, was ihm nicht gelang. Ein strenger Winter jedoch ließ die Quelle zu Eis erstarren. Nun konnte Baxmann das Eis in Stücke schlagen und mit einem Sieb die Quelle leeren. Der Bann war gebrochen. Doch Baxmann wurde von den Oldendorfern erneut verbannt. Jetzt sollte er die Quelle mit einem Fingerhut ausschöpfen. Dies ist ihm bis heute nicht gelungen.
(siehe auch: www.baxmann.de/die-sage.html)

Untersuchung des Wassers aus dem mit Steinen umfassten Bereich der „Baxmann-Quelle" im Blutbach durch den Autor (Juli 2012)

Im Gebäude der späteren Gastwirtschaft von *Ossenkop* am Ortseingang von Barksen links – *Gasthaus zur Linde* – wurde eine kleine Schreinerei betrieben und ab 1894 durch den neuen Besitzer Ossenkop ein Kolonialwarenladen. Der Sohn Wilhelm begann mit der Gastwirtschaft.

Ausschnitt aus einer Postkarte um 1930
(aus: E. Patzelt 1993, S. 197)

Im Verzeichnis der „Dörfer und Gutsbezirke Grafschaft Schaumburg"
von 1927 ist auch der Gastwirt *Heise* verzeichnet, der die zweite
Gastwirtschaft im Ort betrieb – auf der rechten Straßenseite.

Damals wurden noch Einteilungen nach der Größe des Grundbesitzes
(bzw. in der Reihenfolge ihrer Entstehung) vorgenommen – die
Nummern 1, 2 und 3 hatten die Landwirte Hermann *Bartling*,
Friedrich *Meier* und Wilhelm *Hupe*.

1901 vermerkt die Chronik die Gründung der Liedertafel.

Im August 1924 wurde das Barksener *Schwimm- und Luftbad*
eröffnet.

1992 organisierte sich die *Dorfgemeinschaft* in einem Verein.

Die Einwohnerzahl wird für 2017 mit 455 Einwohner angegeben -
zum Vergleich die Zahlen aus „Mein Heimatland. Ein Heimatbuch für
Schule und Haus" (1951), welches der Autor dieser Schrift als Schüler
in der Volksschule von Hessisch Oldendorf benutzte:

Entwicklung der Einwohnerzahlen:

1795: 141 – **1823**: 160 – **1858**: 208 – **1871**: 204 – **1885**: 209 – **1905**: 216 – **1925**: 223 – **1939**: 210 – **1950**: 484 – heute 455.

Gelangt man von der *Stadthalle-Baxmann* in Hessisch Oldendorf aus nach Barksen, so führen die *Hohensteinstraße* und daran anschließend die Straße *Zur Eulenburg* bis zu dem vom Autor dieser Schrift in den 1950er Jahren gern besuchten Ausflugsgaststätte *Eulenburg*.

Gasthaus Eulenburg – Süntellandschaft beim Hohenstein
Ausschnitt aus einer Postkarte

(siehe auch:
www.dorfgemeinschaft-barksen.de/historisches/ chronik - Autor: Ferdinand Alms – 8. Mai 2017)

Am Ortseingang stehen noch die Häuser der ehemaligen, zuvor erwähnten Gasthäuser.

Auf der linken Seite der *Hohensteinstraße* befindet sich eine Gutsanlage mit dem abgebildeten Wohnhaus.

In der Niedersächsischen Denkmalliste ist unter Barksen nur dieses „Wohnhaus Hohensteinstraße 27. 2-gesch. Ziegelbau mit Putzgliederungen in guter zeittypischer Gestaltung v. >1904<" verzeichnet (s. Bild).

Zum HOHENSTEIN s. u. ZERSEN

2. BENSEN

6 Dokumente im NLA Bückeburg:

1295: Graf Johann von Wunstorf überträgt der Kirche in Minden sein Anrecht an dem Zehnten in Bensen, den das Kloster Rinteln von Ritter Robert von Zerssen, der es ihm zu Lehen getragen hatte, gekauft hat. Ausfertigung auf Pergament, Lateinisch, Siegel des Ausstellers an Pergamentpressel anhängend (Druck: Urkundenbuch Kloster Rinteln, Nr. 50) **06.04.1295**, und:

1295: Graf Adolf zu Holstein-Schaumburg schenkt dem Kloster Rinteln ein Haus und vier Hufen zu Bensen. Ausfertigung auf Pergament, Lateinisch, Siegel des Ausstellers an Pergamentpressel ab **10.04.1295**, und:

1295: Graf Johann von Wunstorf (von Lauenrode) übeträgt der Kirche in Minden sein Anrecht an dem Zehnten in Bensen, den das Kloster Rinteln von Ritter Robert von Zerssen, der es von ihm zu Lehen getragen hatte, gekauft hat... **10.04.1295**, und:

1295: Graf Adolf zu Holstein-Schaumburg schenkt dem Kloster Rinteln ein Haus und vier Hufen zu Bensen. Ausfertigung auf Pergament, Lateinisch. Siegel des Ausstellers an Pergamentpressel ab (Druck: Urkundenbuch des Klosters Rinteln, Nr. 52) (NLA BU, Orig. F, Nr. 50)

1302: Ritter Lippoldus Holtgreve bestätigt dem Kloster Rinteln den Besitz des Hofes in Bensen, den sein Bruder Johannes dem Kloster übertrug. Ausfertigung auf Pergament, Lateinisch. Siegel (Rest) des Ausstellers an Pergamentpressel anhängend (Druck: Urkundenbuch des Klosters Rinteln, Nr. 63 (NLA BU, Orig. F, Nr. 53)

Um etwa 600 n. Chr. fanden im Gebiet des Süntels bereits Rodungen und erste Besiedlungen statt. Die erste urkundliche Erwähnung von *Benseshusen* oder *Bennenhusen* (Haus des Benno) stammt aus dem Jahre 955 – als Teil einer Schenkungsurkunde von Otto I., der Große (912-973) für das Stift Fischbeck (s. dort).

Die beiden in einem vorherigen Kapitel vorgestellten Heimatforscher Walter Maack und Friedrich Kölling haben in der Reihe „Schaumburger Heimathefte" – Heft 1 (1955) unter dem Titel „Tausendjährige Sünteldörfer" über Wickbolsen, Bensen und Haddessen ausführlich berichtet.

Darin heißt es einleitend zu Bensen:

Bensen war von jeher an Zahl der Höfe die größte der sieben Süntelgemeinden und behauptete bis auf wenige Jahre in der ersten Hälfte unseres Jahrhunderts auch an Volkszahl den ersten Platz vor Pötzen. Nahezu in der Mitte gelegen und im Mittelalter Kapellengemeinde, nahm es auch wegen der schon früh und in verhältnismäßig großer Zahl hier genannten Handwerker eine zentrale Stellung ein. Grundherren im Dorfe waren neben dem Stift Fischbeck noch das Stift Rinteln, das Amt Exten des Domkapitels Minden, die Büschen und das Amt Schaumburg. Trotz dieser Vielzahl von Besitzern, die im allgemeinen zu Spannungen zu führen pflegte, geben nur wenige Urkunden Aufschluß über Vorgänge in Bensens Vergangenheit. In den gedruckten schaumburgischen Urkunden wird Bensen sechsmal erwähnt.

Mit dem *Stift Rinteln* ist offensichtlich das *Jakobskloster* in Rinteln gemeint (zum Stift Fischbeck s. weiter unten). Es wurde von Graf Adolf III. von Schaumburg und Holstein 1203/1208 zunächst in Bischoperode (spätere Wüstung, bei Stadthagen) gegründet, der gerade aus dänischer Gefangenschaft freigekommen war. 1225/30 wurde das Kloster durch Graf Adolf IV. nach Alt-Rinteln (am rechten Ufer der Weser), um 1238 dann nach Rinteln am linken, südlichen Ufer verlegt. Im Kloster lebten Nonnen nach der Benediktiner-Regel. Ihre Klosterkirche war die frühgotische Hallenkirche St. Jakob. 1563 wurde nach Einführung der Reformation in der Grafschaft Schaumburg (1559) das Kloster auf eigenen Wunsch aufgelöst. Fürst Ernst von Schaumburg begründete in dem Gebäude des ehemaligen Klosters 1621 die Universität Rinteln (*Alma Ernestina*).

Auch die Autoren Maack und Kölling weisen als älteste Urkunde auf die Fischbecker Gründungsurkunde hin, in der dem Stifte eine Hufe in *Benneshusun* überwiesen wird. Weiter ist zu lesen:

Bensen wird dann wieder genannt in Kaiser Konrads II. Schutzbrief für Fischbeck vom Jahre 1025, der den Inhalt der ersten Urkunde bestätigt. Im Jahre 1295 schenkt Graf Adolf von Schaumburg dem von ihm sehr geförderten Stift Rinteln das Eigentum an einem Meierhofe und vier Hufen in Bensen; Hof und Hufen hatte vordem ein Ritter Robert v. Zersen von ihm zu Lehen. Eine Fischbecker Urkunde von 1387, (...), stellt fest, daß die Aebtissin Luitgard ihrem Konvent eine halbe Hufe in Bensen überwies und die andere Hälfte den Seelsorgern des Stiftes; an den Einkünften zweier (weiterer) Hufen in Bensen sollen Konventualinnen und Presbyter des Stiftes gleichen Anteil haben. Eine Mindener Urkunde vom Jahre 1444 unterrichtet uns darüber, daß neben vielen anderen Besitzstücken auch ein Hof zu „Bensen boven Oldendorpp" zu dem Amt Exten des Mindener Domkapitels, das die v. Eckersten zu Lehen haben, gehört. Die letzte gedruckte Urkunde, die Bensen nennt, ist wieder der Lauenauer Teilungsrezeß von 1647. (s. dazu unter „Die Grafen von Schaumburg")

Konrad II. (990-1039) regierte ab 1024 als König des Ostfrankenreichs, ab 1027 als römisch-deutscher Kaiser.

Beim *Grafen Adolf* handelt es sich um Graf Adolf VI. (1256-1315), Graf in Holstein und im Gebiet Schaumburg.

Mit der *Aebtissin Luitgard* ist Luitgard von Holte gemeint, zwischen 1320 und 1331 Äbtissin in Fischbeck. Sie war die Tochter von Adolf von Holte (Burgmann auf der Schaumburg, ab 1285 Wichgraf – ein Graf, der dem Bischof unterstand). Ihre Schwester Kunigunde ist als Stiftsfrau ebenfalls zwischen 1309 und 1346 in Fischbeck nachweisbar.

(Quelle: Michael Buhmann, Stammtafel: Herren von Holte)

Die Familie *von Eckersten* besaß in Exten ein Rittergut, zunächst als beamtete Hauptmeier und später als Lehen – ab 1213 nachweisbar. Die Familie starb 1543 aus, es folgte die Familie von Wartensleben.

Fasst man die Informationen dieser und weiteren Urkunden im Hinblick auf die Besitzverhältnisse bis in das 16./17. Jahrhundert zusammen, so sind hier vor allem das Kloster (Stift) zu Rinteln und das Stift Fischbeck zu nennen.

Für das Jahr 1564 stellen die Autoren Maack und Kölling fest, dass mit fünf Vollmeiern, sechs Halbmeiern, sieben Großkötnern, drei Kleinkötnern und sieben Brinksitzern, *eine für das Süntelgebiet ungewöhnlich große Zahl von Hofstellen* festzustellen sei.

1636 verzeichnet die Ortschronik die Zerstörung von über der Hälfte der Hofstellen infolge des Dreißigjährigen Krieges.

1782 heißen die ersten drei Vollmeier

Nr. 1 Hans Hinrich Schulte (1927: Friedrich Sommermeier)

Nr. 2 Johann Heinrich Meyer jun. (1927: Wilhelm Meier)

Nr. 3 Hans Henrich Beisner (1927: Wilhelm Holste)

104

Bensen auf zwei historischen Post(Ansichts)karten

1954 wurde der Wasserbeschaffungsverband „Springbrunnen" gegründet, der ab 1975 unter „Wasserbeschaffungsverband Süntelwald" (in der Funktion einer zentralen Trinkwasser-Versorgung in den Sünteldörfern) firmiert. Bensen hatte bis dahin auf jeder Haus- und Hofstelle einen eigenen Brunnen mit bis zu 12 m Tiefe.

Das Wasser des *Springbrunnens* als Trinkwasser für die Stadtteile Bensen, Höfingen, Fischbeck und Weibeck enthält folgende Mineralstoffe (Analysen von 2016 – Auszug) in mg/l:

Natrium 624 – Kalium 0,77 – Calcium 105 – Magnesium 5,5 – Eisen 0,1 - Chlorid 8,0 – Sulfat 51,6 – Hydrogencarbonat 281 (aus der Karbonathärte von 12,9 °dH berechnet) – pH 7,41.

1955 wurde der Verein *Dorfgemeinschaft Bensen e.V.* gegründet. 1957 wurde ein neues Schulgebäude bezogen; die Schule wurde jedoch 1976 wieder geschlossen. Seitdem wird das Gebäude als Dorfgemeinschaftshaus genutzt. 1972 wurde die Friedhofkapelle eingeweiht.

Zur Einwohnerentwicklung
1550: 150 – **1795**: 268 – **1858**: 409 – **1871**: 392 – **1885**: 381 – **1905**: 369 – **1910**: 393 – **1927**: 349 – **1939**: 299 – **1950**: 649 – **2002**: 388 – heute: 376.

Besuch in Bensen
Für meinen Besuch in Bensen benutze ich den anschließenden Ausschnitt einer Wanderkarte, der zugleich die Lage der *Sünteldörfer* zueinander vermittelt.
Die Baudenkmale stehen in den Straßen *Über den Höfen, Hohle Straße, Osterbeeke* und *Windfeder*.

In der *Hohlen Straße Nr. 4* steht etwas versteckt dieses Gebäude, das im Verzeichnis der Baudenkmale als „2-gesch. Fachwerkbau, Vierständer von 1826" bezeichnet wird – es ist damit das älteste unter den genannten Gebäuden. Zum Grundstück (mit Garten, dessen Baumbestand das Haus etwas verdeckt) gehört auch das abgebildet Nebengebäude.

Weitere Häuser, die in der Dankmalliste aufgeführt sind, stehen in der Straße *Osterbeeke* 6 (ein niedersächsischer Hallenbau aus dem Jahre 1854) bzw. in der Straße *Über den Höfen* (Nr. 2, Ziegelbau um 1900) und 28a (Fachwerkbau von 1852).

3. FISCHBECK

1304 Dokumente im NLA Bückeburg

840: Verordnung Kaiser Ludwigs II., wodurch das in dem pago Leri begelegen Kloster (cellula) Fischbeck mit allen Zubehörungen, auch Kirchen, Häusern, Zehnten, Wassern, Äckern etc. dem von seinem Vater (Kaiser Ludwig I.) dem neu erbauten Kloster Corvey auf Bitte des Abts Warini, daselbst, einverleibt wird. 20.03.0840 (NLA BU, L O, c Bd. 1 Nr. 1)

1302: Johann, Propst, Aebtissin und das Konvent zu Rinteln bekunden, daß Helmold und Johann Holtgreve von Fischbeck dem Kloster Güter zu Bennessen gegen eine jährliche Rente übertragen haben. Zeugen: Adolf v. Holte, Johann v. Bardeleve, Ludolf v. Eckersten, Ritter. Or. Perg. Lat. Siegel verletzt. (NLA BU, Orig. 22, Nr. 38)

1421: Urkunde der Äbtissin und des Konvents zu Fischbeck, betr. Verkauf eines Hofes zu Enger bei Rinteln auf Wiederkauf für 20 Goldgulden an Hinrik Vogedes (NLA BU, Orig. 1, Fb 5)

1477: Urkunde des Konvents zu Fischbeck, betr. Lehnbrief für Warneke Grotekoppe zu Obernkirchen auf Länderei zu Sedorf (NLA BU, Orig. 1, Fb Nr. 9)

1519: Urkunde des Konvents zu Fischbeck, betr. Schuldbrief von Hans Gryner, Bürger zu Oldendorf über 30 Gulden (15.04.1519) /NLA BU, Orig. 1, Nr. 10)

1527: Schreiben des Claus von Rottorf an Graf Johann zu Holstein-Schaumburg betr. das Amt Fischbeck (NLA BU, L 1, Nr. 4068)

1543: Quittung des Amtmannes zu Fischbeck über Empfang von 9 Schilling Pacht von dem Kaland zu Rinteln für Stift Fischbeck (NLA BU, Orig. 1, Gd Nr. 69)

1559: Gesuch des Stifts Fischbeck um Holz für den Kirchenbau (NLA BU, L 1, Nr. 3145)

1563: Anmaßung von Huderechten durch Margarete von Bardeleben, gewesene Klosterjungfrau zu Fischbeck (NLA BU, L 1, Nr. 3115)

1565: Untersuchung gegen Bernhard Rauscheplate, Schwager Obersten Hilmar von Münchhausen, wegen versuchter Erschießung des Joibst Vischer, Vogt zu Fischbeck (NLA BU, L 1, Nr. 8853)

1575: Auseinandersetzungen wegen Verleihung von Ländereien und des Salzwerkes des Stiftes Fischbeck bei Münder (NLA BU, L 1, Nr. 3120)

1576: Zuweisung eines erledigten Lehens des Klosters Fischbeck an die Schule zu Stadthagen (NLA BU, L 1, Nr. 7829)

1585. Gewalttätige Fesselung eines Dieners des Heinrich von der Wense durch den gräflichen Vogt und Krugwirt Jobst Fischer zu Fischbeck (NLA BU, L 1, Nr. 5744)

1590: Differenz zwischen Melchior von Campen und dem Stift Fischbeck wegen einer Wiese im Fischbecker Stau (NLA BU, L 1, Nr. 3127)

1602: Streit zwischen dem Dorf Fischbeck und Johann von Bardeleben zu Krückeberg wegen des Anflusses am Lachemer Steinbrink (NLA BU, L 1, Nr. 5642)

1619: Urkunde des Jobst von Mengersen, betr. Verkauf seines Baumgartens, gen. der Sommerhof, im Dorfe Fischbeck an Johann Sommermeier und Erben (NLA BU, Orig. 1, H 59 Nr. 35)

Franz Dingelstedt (1814-1881; Dichter des Weserliedes) schrieb in seinem Buch „Das Wesertal von Münden bis Minden" (1838) über Fischbeck u.a.:

Von Hameln führt uns eine wohlgebaute Landstrasse längs am rechten Ufer der Weser hinab in das hannöversche Dorf Wehrbergen, gegen Norden zur Gränze der kurhessischen Grafschaft Schaumburg, welche wir bei der Fischbecker Landwehr betreten.

Es folgt nun eine noch heute lesenswerte Schilderung der Landschaft:

Ein grosses schönes Thal liegt vor unseren Blicken ausgebreitet, über welches die Natur erst noch einmal die ganze Fülle ihres Segens ausgegossen hat, ehe der Strom die Berge verlassend in die weite Einförmigkeit der norddeutschen Ebene übertritt. Nirgends in dem Gebiete des norddeutschen Hügellandes sind Kontraste zwischen Höhen und Tiefen so scharf und so grossartig ausgeprägt;

110

nirgends die landschaftlichen Ansichten der Gegend so angenehm und zugleich so reich an dem Zusammentreffen der mannichfaltigen Elemente, welche zur Bildung eines anziehenden und malerisch geordneten Ganzen beitragen. Mitten durch die Tiefe des beinahe zu einer Ebene sich ausbreitenden fruchtbaren Thales schlingt sich der Weserstrom in weiten sanft gerundeten Krümmungen: links steigt eine breit gewölbte waldreiche Hügelreihe zur Ebene herab, welche aus dem Lippeschen herübertritt; und rechts erheben sich die schönen Berge des Süntels. Auf eine Kette von niederen Vorbergen gestellt, zieht das Hauptgebirge von dem eigentlichen Süntel aus gegen Abend bis zur Porta westfalica, meist scharf und steil gegen das Thal abfallend. Die schöne Scheidelinie der Bergwand ist wellenförmig gewunden und häufige, symmetrisch wechselnde, flach einge-schnittene Buchten, bezeichnen eine Reihe der ausgezeichnetsten Berge, welche eben sowohl durch ihre malerischen Formen und namentlich ihre grotesken Felsenhäupter, als durch die herrlichen Aussichten, welche man von ihnen geniesst, die ganze Aufmerk-samkeit des Wanderers in Anspruch nehmen. Zu den ausge-zeichnetsten Höhen gehören der klippenreiche Hohenstein, der Paschenberg und der luhdener Berg. Von diesen Höhen herab erscheint die Thalfläche wie ein grosser blühender Garten, geschmückt mit dem mannichfaltigsten Wechsel der Farben und Formen, und belebt durch den breiten mächtigen Strom. Am schönsten zeigt sich das Thal, wenn die weiten Rapsfelder in ihrer golden Blüthe prangen.

Ein flüchtiger Ueberblick dieses reizenden Thales genügt, um in ihm ein altes Seebecken zu erkennen, in welchem sich die Gewässer sammelten, ehe sie sich einen Weg durch das Gebirg zu brechen vermochten. [Gemeint ist die Westfälische Pforte, die Porta Westfalica.]

Das erste hessische Dorf des Thales ist Fischbeck mit seinem Stifte und seiner alten Kirche, 5/6 Stunden von Hameln entfernt.

Historische Postkarte mit der Stiftskirche von Norden

Dingelstedt beschrieb die Gründungsgeschichte des Klosters daran anschließend wie folgt:

Eine edle Wittwe, Helenburg war ihr Name, hatte sowohl ihren Gatten Richbert, als ihre beiden Söhne, Richard und Aelfday, durch den Tod verloren und obgleich Kaiser Otto I. ihr ein Gut (praedium) in dem Dorfe Visbiki zu erblichem Eigenthum schenkte, so vermochte ihr dieses doch jenen Verlust nicht zu mildern; sie sehnte sich vielmehr nach ihren vorangegangenen Lieben, und entschloss sich deshalb, ihre Habe zur Stiftung eines Frauen-Klosters zu verwenden, um dadurch sowohl das Seelenheil der Verstorbenen zu fördern, als auch für sich selbst eine günstige Aufnahme im Himmel zu sichern; denn der Himmel war käuflich geworden und mit dem Kaufpreise stiegen die Grade der Seligkeit. Helenburg bestimmte zu ihrer Stiftung den Hof zu Visbiki nebst 80 Hufen, und gab derselben jene Einrichtung, welche bereits in vielen anderen Stiften des Sachsenlandes, und namentlich auch in den benachbarten zu Obernkirchen [von Ludwig dem Frommen (814-840) gegründet] *und zu Möllenbeck* [896 gegründet] *bestand, nach welcher die in*

Gemeinschaft tretenden Frauen unter der Leitung einer Aebtissin nach den Ordensregeln des heiligen Benedikts lebten, ohne dessalb an eine strenge klösterliche Klausur gebunden zu seyn. Die Kirche wurde der heiligen Jungfrau Maria geweiht. Die bei dem Kaiser Otto I. nachgesuchte Bestätigung der Stiftung wurde ihr unter dem 10. Januar 954 zu Theil, worin zugleich die freie Wahl der Aebtissin, die Befreiung von der weltlichen Gerichtsbarkeit, mit Ausnahme der des Kaisers, sofern derselbe Schutzvogt seyn wolle etc. verwiligt wurden.

Dieses ist die Geschichte von der Entstehung des Stiftes Fischbeck. Doch diese schien später zu einfach, und es entstand eine vielfach ausgeschmückte Erzählung, die noch als Sage fortbesteht. „In der Gegend zwischen Hameln und Rinteln", so erzählt dieselbe, „lebte vor langen Jahren ein Graf Rupert mit seiner Gattin Helmburg. Als er einstmals erkrankte, wurde ihm eine Arznei verordnet, welche er im Bade zu sich nehmen sollte. Auch die Gräfin war krank und hatte ebenwohl Arznei. Da begab sich nun das Unglück, dass beide Arzneien verwechselt wurden und die Gattin ihre viel stärkere Arznei ihrem Gemahle reichte. Dadurch erkrankte der Graf noch heftiger und fasste den Verdacht, dass jene ihm nach dem Leben getrachtet habe. Sein Zorn stieg so hoch, dass er die Hinrichtung befahl. Vergebens bestand sie die Feuerprobe; ein Funke, der ihre Schulter verletzt hatte, bestärkte nur seinen Verdacht, und er befahl eine zweite Probe. Die Gräfin musste mit ihrer Magd einen mit zwei wilden Rossen bespannten Wagen besteigen, welche völlig entzügelt, in die Weite getrieben wurden. Schäumend durchstürmten diese das Thal bis zu dem Bache, welcher jetzt Fischbeck durchfliesst. Da hielten sie erschöpft an, und löschten ihren Durst und die Gräfin erhielt Zeit den Wagen zu verlassen*). Zum Gedächtniss an ihre Errettung errichtete sie an dem Orte ein Kloster.

*) Die Sage erzählt weiter, die Gräfin sey beim Herabsteigen in's Wasser gefallen und habe im Falle einen Fisch erfasst. Deshalb sey der Ort Fischbeck

*genannt worden. Dieses schmeckt aber zu sehr nach jener flachen
Etymologie, wie sie früher getrieben wurde.*

*Zur Bewahrheitung dieser Legende bewahrt die Fischbecker
Kirche einen gewirkten Teppich, auf welchem in sechs Feldern die
verschiedenen Scenen derselben dargestellt sind. In dem ersten Felde
sieht man zwei Badewannen, in der einen die Gräfin, in der andern
den Grafen, letzern in Ohnmacht sinkend. Das zweite Feld zeigt den
Grafen nebst dem Henker und wie die Gräfin baarfuss und nur von
einem Hemde bekleidet, durchs Feuer schreitet. Auf dem dritten Felde
erblickt man die Gräfin und ihre Magd auf dem fortstürmenden
Wagen. Im vierten Felde kniet die Gräfin mit ihrer Magd vor einer
Kapelle, über derselben fliegt eine weisse Taube und stehen zwei
Sterne. Das fünfte Feld stellt den Kaiser dar, wie er einen Brief der
Gräfin überreicht, auf welchem man die Worte „Otto Rex" liest.
Endlich das sechste Feld zeigt eine Kirche mit einem Konvent von
Nonnen, welche auf den Knieen im Gebete liegen. Jedes der Felder hat
eine bezügliche Unterschrift; der Teppich selbst aber trägt die*

Jahreszahl 1583; es soll aber, wie erzählt wird, derselbe nur die Kopie eines ältern seyn.

Über ein Jahrhundert nach Dingelstedt veröffentlichte der Dichter Manfred Hausmann (1898-1986), von den Bildern dieses Teppichs inspiriert *Der Fischbecker Teppich. Ein Legendenspiel* (1955), das mehrmals aufgeführt wurde. Als Schüler begeisterte auch ich mich für die vielgelesenen *Martins-Geschichten* von Hausmann.

Fasst man die historisch gesicherten Fakten zusammen, so gilt als Gründerin des Stiftes die Adelige Helmburgis aus dem Geschlecht der Ekbertiner, der das Grundstück in Fischbeck von König Otto I. geschenkt wurde und das Stift als unabhängiges Schutzkloster unter seinen Schutz stellte. Die Ekbertiner waren Adelige (sächsischer oder wahrscheinlich eher fränkischer Herkunft), deren Stammvater Ekbert um 756 bis nach 811 lebte. Im 9. und 10. Jahrhundert waren Ekbertiner auch Äbte von Corvey.

Als ältestes Zeugnis der Siedlung Fischbeck gilt eine Urkunde des späteren Kaisers Arnulf von Kärnten (um 850 bis 899, ab 896 Kaiser) aus dem Jahre 892 – die Gründungsurkunde des Stiftes stammt aus dem Jahre 955. Einem Nachfahren des Grafen Ekbert (Ecbert) schenkte König Arnulf auch den Besitz in Fischbeck. Dieser kam nach dem Zerfall des Frankenreiches nach dem Tod Karls des Großen an die Liudolfinger.

Die Adelige Helmburg(is) wurde um 900 im Gebiet der oberen Weser und der Diemel geboren und hatte um 920 den Grafen Ricbert aus der Sippe der Harzgrafen (dynastisches Geschlecht im Südharz mit der Burg Regenstein) geheiratet. 941 war sie Witwe und stand mit ihren Kindern allein. Offensichtlich stand sie dem Hofe Otto I. nahe und da sie keinen Rückhalt durch eine mächtige Familie in dieser Zeit (wie z.B. Gandersheim durch die Liudolfinger) hatte, erhielt das Stift nicht nur ein Schutzprivileg, das sie gegen den Zugriff der regionalen

Grafen sicherte, sondern Otto I. als König wurde auch Vogt des Stiftes (neben Quedlinburg der einzige bekannte Fall).

Nach einem Hoftag in Frankfurt, auf dem beschlossen wurde, kleinere Reichsklöster, von denen das Reich keine Abgaben erhielt, an größere zu vergeben, schenkte der römisch-deutsche König Konrad III. 1147 die Stifte Fischbeck und Kemnade (Bodenwerder) der Benediktinerabtei Corvey. Mit der Unterstützung durch Herzog Henrich den Löwen konnte das Stift Fischbeck jedoch seine Unabhängigkeit wahren und in einer Urkunde von 1158 nahm Papst Hadrian IV. dann auch das Stift Fischbeck in den Schutz des heiligen Petrus auf. Er verbot dem Bischof von Minden, die geistliche Gerichtsbarkeit über das Stift auszuüben. In der Folge gab es immer wieder Streitigkeiten, worüber Hans-Walter Krumwiede in seiner Schrift ausführlich berichtete.

1559 wurde auch hier die Reformation eingeführt; das Kloster blieb aber ein adeliges Fräuleinstift und berief sich auf seine Reichs-unmittelbarkeit.

Im Dreißigjährigen Krieg wurden die Gebäude schwer geschädigt, die erst im 18. Jahrhundert wieder vollständig aufgebaut werden konnten.

1810 hob König Jerome von Westphalen zunächst das Stift auf, das aber schon 1814 wiederhergestellt wurde.

1909 besuchte Kaiser Wilhelm II. das Stift zur Übergabe des Äbtissinnenstabes an Antonie v. Buttlar.

Noch heute ist Stift Fischbeck ein Frauenstift und gehört zur Klosterkammer in Hannover.

Die Geschichte dieses Stiftes und Ortes lässt sich am besten durch eine Führung und bei einem Rundgang durch das Dorf erkunden, das früher auch einen eigenen Bahnhof an der Strecke zwischen Hameln und Rinteln hatte.

Historische Postkarte von Fischbeck

Entwicklung der Einwohnerzahlen
1795: 679 – **1823**: 645 – **1858**: 826 – **1871**: 836 – **1885**: 779 – **1905**: 919 – **1925**: 1025 – **1939**: 1059 – **1950**: 2190 – **1961**: 2019 – **1970**: 2325 – **1972**: 2397 – **1983**: 2754 – heute (2007): 3238.

Rundgang auf Spurensuche

Mein Rundgang im Sommer 2018 anhand des in einem Ausschnitt abgebildeten Plane aus dem genannten Faltblatt beginnt an der Bushaltestelle *Stiftstraße* /Poststraße der Linie 20 und führt zunächst an der Parkresidenz Am Stift vorbei auch zum **Stift**. An der sogenannten *Bierscheune* informiert eine Tafel über die das Dorfbild bestimmende mittelalterliche Klosteranlage. (**1**)

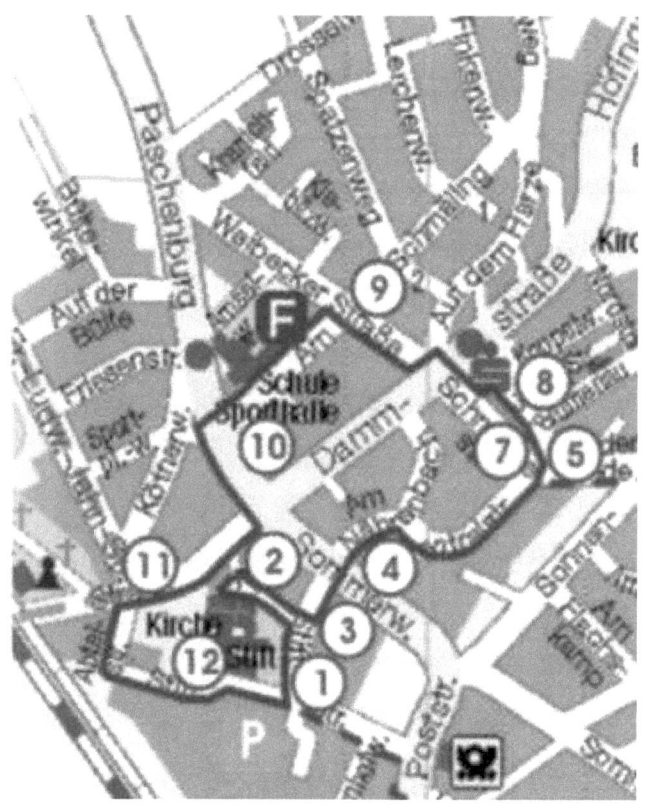

Ausschnitt aus dem Faltblatt:
„Fischbeck Spaziergang – Hessisch Oldendorf Weserbergland" (Autoren des
Heimatvereins Fischbeck e.V. Annette Gerten et al. – 3. Aufl. 2016)

Bierscheune (links) und Stifts-Café (rechts hinter dem Baum)

Der Weg führt nach rechts am Nährenbach entlang und dann einige Meter bergan. Zuvor entdecke ich an der Stiftsmauer einen Hinweis auf die ehemalige Stiftsmühle – mit folgendem Text:

Erinnerung an die Stiftsmühle
1432 Stift verleiht gegen Zins Wasserrechte an die Mühlen in den Sünteldörfern
1580-82 urkundl. eigene Stiftsmühle 2 Mahlgänge Roggen u. Gerstenbrot vom Stiftsmüller
1812 nur noch 1 Mahlgang Mühlenbach noch offen
1902 neuer Wohntrakt für Mühlenpächter nur noch 1 Schrotgang für die Tierhaltung
1913-14 Kraftstrom kein Wassergang mehr
1949 Stillegung der Mühle

Ich erreiche nun den *Helmburgisplatz* (2) vor der Stiftskirche. Über sie schrieb Hans Pusen in seinem Buch „Niedersachsen. Das Berg- und Hügelland im Süden" (1970) u.a.:

„...die Stiftskirche ist eine der bedeutendsten Kirchen im ganzen Weserbergland. Im Grundriß des Langhauses mit Gernrode und St. Michael zu Hildesheim verwandt, gehört sie mitsamt der reichgegliederten Apsis und der quergelagerten, nur durch wenige Öffnungen unterbrochenen Masse des Turmes dem 12. Jahrhundert an. (...) Der dreiflügelige Kreuzgang (...) zeigt die Merkmale der Übergangszeit..."

Bei der Stiftskirche handelt es sich um eine dreischiffige flachgedeckte Kreuzbasilika. 1234 wurden Kirche und Stifstgebäude durch einen Brand beschädigt und die Erneuerungsarbeiten fanden erst 1254 mit der Neuweihe und nach architektonischen Veränderungen an Chor und Langhaus ihren Abschluss. Nach 1700 erfolgte nochmals eine Umgestaltung in Form der Barockisierung, welche vor allem die eng mit der Kirche verbundenen Stiftsgebäude betrifft, wo mein Rundgang dann auch beendet werden soll.

Eine (sehr empfehlenswerte) Besichtigung (und auch Führung) habe ich zweimal erlebt – als Student in den 1960er und noch einmal im Jahre 2012.

Im Verzeichnis der Baudenkmale stehen die Häuser Nr. 2 (ehem. Schule 1829; 1 ½ gesch. Fachwerkbau, Vierständer), Nr. 4 (schmaler Rohziegelbau 1873) und Nr. 6 (Pfarrhaus – Wohnhaus u. Pfarramt).

Pfarrhaus (Eingang von der Rückseite)
Als „staatl. 2-stöckiger Fachwerkbau v. 1753" bezeichnet

Ich gehe vom Helmburgisplatz zurück zum *Nährenbach*, wo am Punkt **(3)** ein Fachwerkhaus steht, das Wohnhaus des sogenannten Sommerhofes, seit über 1000 Jahre nachweisbar und somit der älteste Bauernhof von Fischbeck.

Im Verzeichnis der Baudenkmale sind unter Am Nährenbach 8 sowohl das Wohn-/Wirtschaftsgebäude als auch die Scheune des über eine Brücke erreichbaren Gebäudekomplexes aufgeführt: „2-gesch. Fachwerkbau, Vierständer v. 1853" mit „städtbauliche(r) Bedeutung von prägendem Einfluss auf das Straßenbild" als Begründung und „Stattl. Fachwerkscheune mit links- und rechtsseitiger Einfahrt um 1870".

Nach der Überquerung der Hauptstraße (Sommerweg; heute durch die Umgehungsstraße vom Verkehr sehr entlastet) komme ich am Nährenbach rechts zu einem Haus mit Hochwassermarken und dem abgebildeten gegenüberliegenden Fachwerkhaus von 1802 (Nr. 77) vorbei.

Eine besondere Rolle spielte die Flutkatastrophe vom 19.7.1966. Nach einem mehrstündigen Gewitter über dem Wesergebirge konnte der in ein schmales gemauertes Bett gefasste Nährenbach die Wassermassen nicht mehr fassen.

Das für solche Fälle vorgesehene Rückhaltebecken – zu erreichen über den Hermann-Löns-Weg – wurde überflutet. Das Wasser schwappte über die Deichkrone und riss das Erdreich sowie die Steinpackung mit. Danach wurde der Staudamm der neuen Talsperre um das Doppelte erhöht und verbreitert, mit zwei Überlauftürmen und einem sogenannten Tosbecken versehen, wodurch heute ein geregelter Wasserablauf möglich wird.
Ich gelange zu dem am alten Dorfplatz gelegenen Vierständerhaus (4), erbaut 1853, dem Dorfbrunnen und altem Baumbestand.

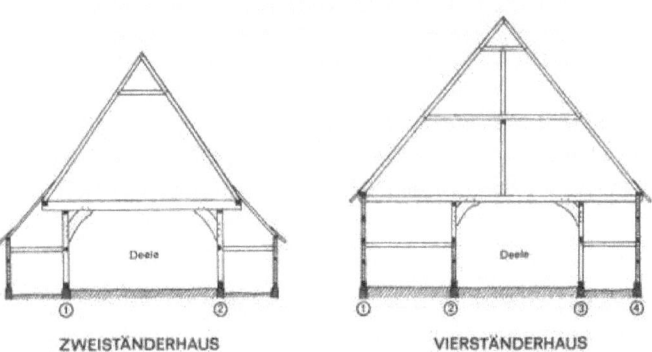

ZWEISTÄNDERHAUS   VIERSTÄNDERHAUS

Das Vierständerhaus ist die „wohlhabendere" Version des Zweiständerhauses – hier zum Vergleich (mit einem höheren Verbrauch vor allem an Holz).

Ich gelange durch die *Zentralstraße* an einem größeren Bauernhof vorbei zum Platz mit der Dorflinde. Hier informiert eine geschnitzte Tafel an die erste urkundliche Erwähnung von Fischbeck aus dem Jahr 892. **(5)**

Auch in der Mühlenstraße erinnert an der oberen Ecke des links stehenden Fachwerkhauses eine Hochwassermarke an die Flutkatastrophe vom 19. Juli 1966 durch die Wasser des Nährenbaches **(7)**.

Ich gehe nun in die Mühlenstraße mit seinen schmalen Häusern **(8)** und von dort bis zur Dammstraße.

In der Dammstraße 19 befindet sich in einem sehenswerten Fachwerkhaus die Süntel-Apotheke.

Die Fortsetzung der Dammstraße ist *Höfinger Straße*, in der ich im Haus Nr. 2 noch das ehemalige Mühlengebäude aus der Zeit um 1880 entdecke – im Verzeichnis der Baudenkmale als „Fachwerkbau z. g. T. massiv ersetzt, Mühlenausstattung teilweise vorhanden" mit „geschichtliche(r) Bedeutung im Rahmen von Ortsgeschichte" beschrieben.

Von dort gehe ich zurück und ein Stück die Weibecker Straße hinauf. An der Kreuzung zwischen Weibecker Straße und Schmähling liegt in einem Garten ein über 27 Tonnen schwerer Findling aus der zweiten (mittleren), sogenannten Saale-Eiszeit. Er stammt aus skandinavischen Gebirgen und wurde beim Hausbau im Erdreich freigelegt. **(9)** Der Granitbrocken mit in der Sonne glitzernden Quarzeinschlüssen ist vulkanischen Ursprungs.

Vor der Stiftskirche befindet sich ein weiterer Stein – auch Findling genannt, der 1904 zum Gedenken an den Besuch des deutschen Kaisers Wilhelm II. aufgestellt wurde.
Die charakteristische runde Form dieser mächtigen Steine ist durch das Rollen im Eis und in seinem Geschiebe auf dem Weg von Skandinavien bis in das Wesertal entstanden.

Auf dem Rückweg zum Stift gehe Ich von hier auf der Straße *Am Schmähling* hinab in die Straße mit dem Namen *Paschenburg* und komme an der Ecke zur *Dammstraße* zu einem mir auffallenden weißen Fachwerkhaus von 1561 (**10**). Eine Befragung des Bewohners ergibt, dass die symbolische Bedeutung der Balken an der Fassade nicht bekannt ist.

Auf dem oberen Giebelbereich ist eine *Odalsrune* aus dunklen Balken zu erkennen – ein auf die Spitze gestellter Rhombus mit zwei nach unten geführten Schenkeln. Es bedeutet „ererbter Besitz". In der Spitze des Giebels ist ein Andreaskreuz zu sehen. Es stellt die griechischen Initialen Christi dar. Darunter steht ein Dreieck mit der Spitze nach oben, als „Auge Gottes" gedeutet.

In der *Lachemer Straße* (nach Überquerung der Straße Pascheburg in Richtung auf das Stift), stehen einige Häuser aus der zweiten Hälfte des 19. Jahrhunderts. Sie werden auch im Verzeichnis der Baudenkmale aufgeführt:

Nr.1: *Wohnhaus 2-gesch. Ziegelbau mit zeittyp. Ornamentik v. 1904-06.*
Nr.2: *Wohnhaus 2-gesch. Ziegelbau mit Stockwerksgesims in zeittyp. Gestaltung v. 1906, mit Vorgarten u. Einfriedung; Wirtschaftsgebäude Stall und Scheune, Ziegelstein im EG, teilw. Fachwerk, vorw. Mit seitl. Längseinfahrt um 1906.*
Nr.3: *Wohnhaus. Eingereihter schmaler Rohziegelbau v. 1905-10.*
Nr.4: *Wohnhaus 2 gesch. Ziegelbau mit zeitübl. Ziegelornamentik v. 1889. Scheune. Schlichter Ziegelbau mit 2 Einfahrten v. 1889.*
Nr.5: *Wohnhaus. Eingereihter, an der Straßenseite verputzter –gesch. Ziegelbau um 1905.*
Nr.7: *Wohnhaus 1 ½-gesch. Fachwerkbau/Straßenseite Behang, eingereiht, v. 1728.*
Nr. 11: *Wohnhaus. Schmaler 2-gesch. Fachwerkbau, eingereiht, um 1750.*
Nr. 13: *Wohnhaus. Schmaler eingereihter 2-stöck. Fachwerkbau um 1750. (...städtebauliche Bedeutung von prägenden Einfluss auf das Straßenbild)*
Nr. 15: *Wohnhaus (Kantorhaus, ehem.) 2-gesch. Fachwerkbau v. 1688.* [mit gleicher Begründung wie Haus Nr. 13]

Ich verlasse die Lachemer Straße und gehe an der den Klostergarten abgrenzenden Stiftsmauer entlang, die als älteste Backsteinmauer Niedersachsens bezeichnet wird.

Von hier führt mich der Weg an der Stiftsmauer entlang, um den Stiftsgarten herum, in das Gelände der Abtei zum Torhaus.

Das Torhaus am Eingang zum Stiftgelände mit dem Brunnen (mit Pumpschwengel)

Der Brunnen (rechts als Säule zu sehen) wurde im Juni 2009 von dem damaligen Vorsitzenden des Fördervereins Stift Fischbeck Raths-Apotheker Eike Kerstein aus Hameln eingeweiht.

Übersichtstafeln der Anlage (Gebäude) stehen sowohl am Helmburgisplatz als auch hier am Eingang zum Stiftsgelände.

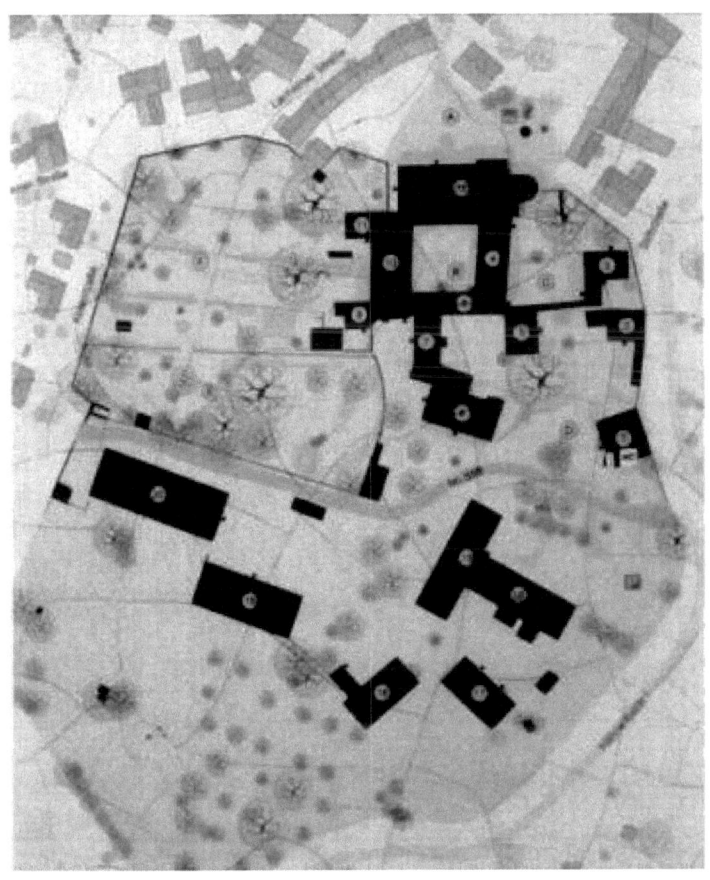

Ausschnitt aus dem Foto von der Tafel

Das Torhaus befindet sich auf dem Plan rechts in der Mitte; in dem Gebäude darüber befinden sich Wohnungen für die Stftsdamen. Das Geviert um die Stiftskirche umfasst den Kreuzgang, das ehemalige Abteigebäude sowie den Westflügel (links im Bild) (ehemaliger Kapitelsaal und Schlafsaal der Nonnen) und den Südflügel (ehemaliges Refektorium und Küche).

131

Gebäude im Stiftsgelände (Wohnungen für Stiftsdamen)

Zur Historie der Gebäude ist zu bemerken,, dass sich südlich der Kirche (im Bild oben) der ehemalige Klausurbezirk befindet. Um den Kreuzhof gurppiert befanden sich hier Wohn- und Wirtschaftsgebäude von Äbtissin und Kapitel.

Das historische Abteigebäude wurde 1848 abgerissen und durch ein neues Gebäude ersetzt (s. Bild folgende Seite).

An das *Abteigebäude* schließt sich der *Kerssenbrockbau* an, benannt nach der Äbtissin Lucie von Kerssenbrock (1884-1899), die das Verbindungsstück vom Klostergeviert zur neuen Abtei als Wohngebäude für Stiftsdamen errichten ließ.

Der Westflügel stammt wahrscheinlich noch aus der zweiten Hälfte des 13. Jahrhunderts. Der Südflügel enthielt im zweigeteilten Erdgeschoss Feuerstätte, Küchenräume und das Refektorium.

Sehenswert ist auch der *Klostergarten,* der bei Führungen besichtigt werden kann

Insgesamt ist der *Stiftsbezirk* als ein *Ensemble von Denkmalen* zu bezeichnen – vom Mühlenwohnhaus (um 1850), Pächterwohnhaus (1866) über die Ställe (Schafstall 1864; Pferdestall vor 1900; Kuhstall um 1900), Scheunen (1730; 1914 – jetzt Reithalle) bis zu den verschiedenen Stiftsgebäuden mit Namen (Münchhausen-, Kerssenbrock-, Hallermund-, Rottorp- Arenstaed-, Busche-, Graf-Adolf-Bau), Gartenanlage und Mauern. Sie alle sind einzeln im Verzeichnis der Baudenkmale aufgeführt.

4. GROSSENWIEDEN

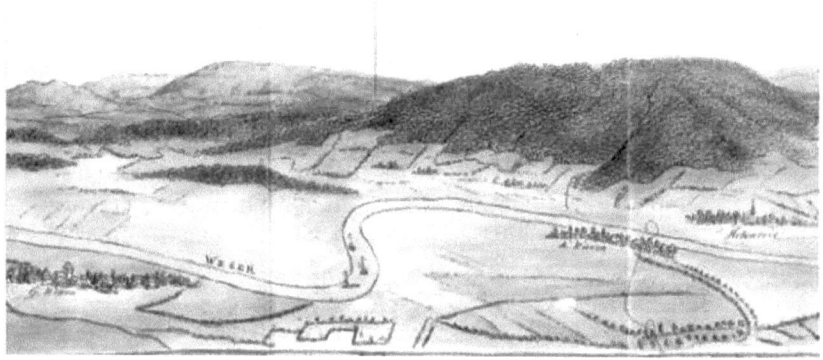

Ausschnitt aus „Panorama des Wesertals von der Paschenburg" des
Bückeburger Hofmalers Anton Wilhelm Strack (1758-1829) –
Details s. im Kapitel „Die Grafen von Schaumburg"
Mit den Dörfern *Gr. Wieden* (links) und *Kl. Wieden* (rechts)

825 wurde der Ort erstmals als *Widun* urkundlich erwähnt und zählt somit zu den ältesten Siedlungen im Weserraum. Der Name wird als Bezeichnung „zu den Weiden" gedeutet und soll sich auf die Weiden beziehen, die früher am Weserufer in großer Zahl wuchsen.

1013 finden wir *Widun* in einer Urkunde von Kaiser Heinrich II., welche die Erbgüter des Paderborner Bischofs Meinwerk der Paderborner Kirche überwies. Bischof Meinwerk (975-1037) stammte aus einem sächsischen Adelsgeschlecht, besuchte die Domschulen zu Halberstadt und Hildesheim, wo der spätere König und Kaiser Heinrich II. sein Mitschüler war. Ab 1001 finden wir ihn als Kaplan am Hofe Kaiser Otto III.; 1009 wird er von dessen Nachfolger Heinrich II. zum Bischof von Paderborn berufen. Dort gründete Meinwerk das Kloster *Abdinghof.*

Früheste Darstellung des Bischofs Meinwerk
auf einem Tragaltar des Roger von Helmarshausen um 1100

1548: Zollregister Großenwieden. Enthält auch: Lieferung von Bier für den Krug zu Exten (NLA BU, L1 , Nr. 6358)

1553: Anweisung des Lodewich Ladeging an Johann, Zöllner zu Großenwieden, ber. Zollerhebung vom Korn des Diedrich Grote aus Lemgo (NLA BU, L 1, Nr. 6439)

1558: Gefangennahme von Dienern des Claus Busche wegen Jagens im gräflichen Gehege im Byffholz bei Großenwieden (NLA BU, L 1, Nr. 7057)

1562: Beschlagnahme des dem Domkapitel zu Minden zustehenden Zehnten zu Großenwieden (NLA BU, L 1, Nr. 5772)

1565: Streit zwischen den Einwohnern der Dorfschaften Rumbeck und Großenwieden wegen der Hude (NLA BU, L 1, Nr. 6027)

1577: Rechte des Klosters Abdinghof an zwei Gärten bei Großenwieden (NLA BU, L 1, Nr. 1825)

1590: Untersuchung gegen den Pastor Rudolf Westrum zu Großenwieden wegen Tötung des Tonnies Isern (NLA BU, L 1, Nr. 8876)

1595-1604: Landverluste durch Überschwemmungen der Weser und deren Erstattung in Großenwieden (NLA BU, L 1, Nr. 5773)

1605: Zinsland der Kirche zu Großenwieden vor Welsede, genannt der Dritthoeff (NLA BU, L 1, Nr. 8013)

1605: Supplik des Pfarrers Rudolph Westrumb in Großenwieden um Zürückerstattung von Land, der „alte Kerchof" genannt, das zum Stiftshof in Rinteln geschlagen wurde (NLA BU, L 1, Nr. 3426)

1614: Verschreibung von Ländereien bei Großenwieden an den dortigen Pastor Rudolf Westrumb (NLA BU, L 1, Nr. 8015)

1624: Anwartschaft des Alexander Barning auf die Pfarre zu Großenwieden (NLA BU, L 1, Nr. 8016)

1636: Bericht des Heinrich Scharpe aus Großenwieden über Plünderungen durch Soldaten (NLA BU, L 1, Nr. 5776)

1639: Klage der Einwohner von Großenwieden über eine Pferdeseuche (NLA BU, L 1, Nr. 5777)

1717-1767: Abdinghofer Protokollbuch über Großenwieden (NLA BU, H 1o1a, Nr. 13)

1731-1732: Johann Cord Meier zu Rumbeck, die Eingesessenen zu Großenwieden wegen Umlegung der großen Fähre zu Großenwieden (NLA BU, Dep. 6 GH, K Nr. 101)

1031 übergab Bischof Meinwerk diese Güter, zu denen auch das ganze Dorf Wieden gehörte, an das vom ihm 1013 gegründete Kloster Abdinghof in Paderborn – aufgelöst 1803. Bis in das 19. Jahrhundert hatte das Dorf Zins und Zehnten bis zur Ablösung der Grundlasten zu leisten.

Das Kloster hatte bis zu seiner Säkularisation 1803 nicht nur eine große kulturelle Bedeutung – mit Bibliothek, angeschlossenem Hospiz, Werkstatt für Buchmaler, Buchbinderei, sondern war über Jahrhunderte auch Grundbesitzer im Weserbergland (sowie am Niederrhein bis in die Niederlande).

In „Mein Heimatland" ist zu lesen, dass der Besitz des Klosters Abdinghof in Großenwieden, Welsede, Ostendorf, Rumbeck, Heßlingen und Fuhlen einen geschlossenen Güterbezirk gebildet habe, der zu den Einkünften der Abdinghofer Kellerei gehört habe:
„In Großenwieden zählten dazu der Schu(t)lzenhof mit 200 Morgen, der freie Mönchehof mit 53 Morgen, der auch das Fischereirecht besaß, und weitere elf Vollmelerhöfe mit je drei oder vier Hufen, neun Kötnerhöfe und der Krug. Die Hauptmasse dieser dem Kloster Abdinghof zugehörigen Hofstellen gruppierte sich um die Kirche und bildete den Kern des Dorfes, das damals schon ein großes, aufgelockertes Haufendorf war. Einige Meier- und Kötnerhöfe lagen abseits."
Das Verzeichnis von 1927 nennt folgende Landwirte unter den Nr.1 bis 3:

1 Ferd. Klostermann
2 Wilh. Luhmann
3 Wilhelm Ossenkopp

Als Gastwirte werden Joseph Nicklaus (Nr. 13), Heinrich Beißner (Nr.17), Gustav Beermann (Nr.37) und Eggerding (Nr. 38) genannt.
Lehrer waren Otto Wagenführer (Nr. 72) und Karl Sandmeyer (Nr. 99).
Mehrere Personen mit Namen Beerbom sind als Schiffer aufgeführt.
Fährmann war Karl Steding (Nr.106).
Es gab eine Molkerei und eine Dampfziegelei.
Zu den speziellen Berufen zählten: Stromarbeiter;
Briefträger war Wilhelm Klingenberg, Gärtner Wilhelm Deidert, Gefangenenwärter Fritz Meier, Friseur August Ruhe und auch ein Kapitän z. S., Wilhelm Struckmeier, ist verzeichnet.

Zur Einwohnerentwicklung
1795: 565 – **1823**: 557 – **1858**. 687 – **1871**: 679 – **1885**: 753 – **1905**: 789 – **1925**: 828 – **1939**: 773 – **1950**: 1587 – **1961**: 1157 – **1970**: 1081 – **1972**: 1028 – **1983**: 1028 – heute: 915 (2013).

Zur Geschichte der Weser-Fähre

Postkarte mit Weserfähre und Kolonialwarenhandlung Klingenberg

Eine Fähre in Großenwieden wurde 1591 erstmals erwähnt. Seit 1960 verkehrt eine Gierseilfähre mit 18 t Tragkraft und bringt wie seit Jahrhunderten Landwirte zu ihren Feldern auf der anderen Seite der Weser. Sie stellt zugleich die Verbindung zwischen den beiden Ortsteilen von Hessisch Oldendorf, Großenwieden und Rumbeck, her. 1981 wurde sie durch eine von Kelsterbach am Main überführte Fähre ersetzt.

Die Weserfähre in Großenwieden mit Blick auf die „Rumbecker Berge" (2011)

Überdachter Sitzplatz mit Informationstafel zur Fähre auf dem linken Ufer
der Weser gegenüber von Großenwieden

Kirche St. Matthaei

Die erste Erwähnung der Kirche stammt aus dem Jahr 1031, der Bruchsteinbau aus dem späten 13. Jahrhundert. Als besondere Kunstwerke sind zu nennen: ein Tabernakel (um 1300) später zum Fenster umgestaltet, gotische Fresken (1488) 1927/28 entdeckt, die als Thema in den Gewölbekappen Szenen zum Weltgericht mit drastischen Hexen- und Teufeldarstellungen beinhalten. Kanzel und Taufbecken stammen aus der Zeit des Frühbarocks.

Rundgang auf Spurensuche

Im meiner Schulzeit im Gymnasium fuhr der rote Bus der Deutschen Bundesbahn zwischen Hessisch Oldendorf und Rinteln von Welsede aus auch durch Großenwieden und Kleinenwieden nach Deckbergen und weiter nach Rinteln. Ihn benutzte man von Rinteln aus nur, wenn der Unterricht nach vier Stunden schon um 11.20 Uhr beendet war und man den Eilzug um genau diese Zeit natürlich nicht erreichen konnte, den Bus vom Pferdemarkt in Rinteln gegen 11.30 jedoch (meistens) schon.

Heute verkehrt ein Bus mit der Nr. 20 sowohl direkt von Hessisch Oldendorf nach Großenwieden als auch über Kleinenwieden nach Großenwieden, den ich zur Anreise zu meinem Rundgang auch benutzt habe.

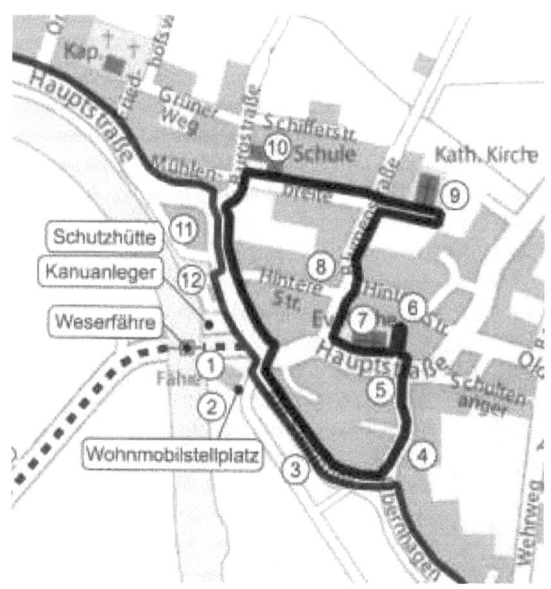

Ausschnitt aus dem Faltblatt *Großenwieden Spaziergang*
(*Hessisch Oldendorf Weserbergland*)
Text und Bilder: Gabriele Lingen et al.

An der Haltestelle Kirche beginnt dann auch der kleine Rundgang – mit dem gedruckten Faltblatt „Großenwieden. Spaziergang" (Tourist-Info Stadt Hessisch Oldendorf) in der Hand.

Von der KIRCHE St. MATTHAEI (**Nr. 7**) gehe ich zunächst in die Hintere Straße 5 – zum SCHULTENHOF (**Nr. 6**), der schon 1549 erwähnt wurde. Hier wohnte der „Schulte", der für die Abgaben der Fronhofbauern an den jeweiligen Grafen von Schaumburg zuständig war. 1908 brannte der Hof ab und ein Jahr später entstand das jetzige Hauptgebäude im Stil der Zeit, charakterisiert durch große Räume, hohe Decken und sogar eine Speiseaufzug von der Küche im Keller in den Speisesaal. Der Betrieb heute bewirtschaftet 100 ha Land – ohne Viehhaltung.

Links von der Blumenstraße, die mich von der Kirche bzw. Hauptstraße zum Schultenhof nach rechts in die Hintere Straße geführt hat, führt die Hintere Straße zum Hof Nr. 8 (am linken Pfeiler mit zwei Hausnummern: 8 und jetzt Hintere Straße 22). Die Nr. 8 ergibt sich aus der Reihenfolge der Erbauung – Haupthaus und Scheune entstanden 1771. Hier befand sich früher die Molkerei und Käserei. (**Nr. 8**)

Zurück zur Blumenstraße führt mich der Rundweg zunächst wieder rechts davon zu der 1974 für die Vertriebenen nach dem Zweiten Weltkrieg erbauten katholischen Kirche St. HEDWIG (in Fertigbauweise errichtet). Im Glockenturm befindet sich eine Glocke aus Schlesien, Namenspatronin war die schlesische Herzogin Hedwig (poln. Jadwiga, 1374?-1399), eine Schutzheilige Polens. (**Nr. 9**)

Von dort zurück auf die Blumenstraße gelange ich in die Mühlenbreite zur DORFSCHULE, 1653 erstmals urkundlich erwähnt (damals jedoch im Küsterhaus gegenüber der Kirche). (**Nr. 10**) Ab 1782 wurden hier 40 Kinder von einem Lehrer in einem Raum unterrichtet. 1883 wurde ein zweiter Schulsaal in einem Haus in der Burgstraße eröffnet. Das heutige Schulgebäude stammt aus dem Jahr 1954 (für vier Grundschulklassen und einen Kindergarten).

Von der Burgstraße gelange ich in Richtung auf die Weser in die Hauptstraße und dort zum ältesten Haus es Dorfes, dem RICKENHOF, (**Nr.11**) dessen Haupthaus (Hauptstraße 55) am Ende des 17. Jahrhunderts entstand (s. Gabriele Lingen, in Heimatblätter Hessisch

Oldendorf, Heft 18 (2013), 61-66). Der Bauherr stammte aus einer Kaufmannsfamilie und wollte sich von seinen bäuerlichen Nachbarn durch ein repräsentatives Haus abheben. Beachtenswert ist die Mauer aus riesigen Sandsteinblöcken, welche das Grundstück gegen die Weser schützt – in der Kirchenchronik wird „Rickens Mauer" als Hochwassermarke verzeichnet.

Seitenansicht des Haupthauses Nr. 55 zur Hauptstraße

Ich befinde mich nun auf der WESERPROMENADE (**Nr. 12**), einem ehemaligem Treidelpfad, von wo aus Schiffe mit Pferden weseraufwärts (von Vlotho bis Karlshafen) gezogen werden mussten. Die Pferde stellten Bauern aus Ahe, Kohlenstätt sowie Kleinen- und Großenwieden. Am Fahnenmast befindet sich ein Anker des ersten Weser-Motordampfschiffes „Hameln".

Die dichte Lage des Dorfes an der Weser führte zu häufigen Hochwasserkatastrophen – so im 20. Jahrhundert 1909, 1946 und 1947. Bereits 1841 hatte man die Bauweise im Dorf dahingehend geändert, dass hohe Grundmauern, eine Brink (erhöhte Stelle) zur Scheunendiele und auch hohe Sandsteinmauern errichtet wurden. Am FÄHRHAUS (**Nr. 2**) sind die Wasserstände markiert. Das

Hochwasser von 1990 hatte ich selbst damals sowohl in Großenwieden als auch Rinteln bei einem Besuch erlebt.

Bemerkenswert ist noch die Straße STEINBRINKWEG, die zum Sportplatz führt. (**Nr. 3**) Es handelt sich um einen ehemaligen Arm der Weser, die auch heute noch bei Hochwasser zuerst überspült wird. Es handelte sich um einen nördlichen Arm bis in das 16. Jahrhundert, der in Höhe der heutigen Fähre sich mit dem südlichen Arm, dem heutigen Verlauf der Weser vereinigte. Jobst von Mengersen auf Gut Stau deichte ihn ab (s. unter Fischbeck). Die Entdeckung einer dicken Mauer (Kaimauer) bei Fundamentarbeiten vor einigen Jahren lässt vermuten, dass sich an der Einmündung des Steinbrinkweges zur Hauptstraße die Zollstation der Schaumburger Grafen befand.

Ich biege nach links in Richtung Hauptstraße ab und komme am Hof Obernhagen 13 (**Nr. 4**) der Familie Deichmann (seit 1736) vorbei, der aus dem alten *Mönchehof* entstanden ist. Da ab 1031 urkundlich belegt die Ländereien in *Widun* dem Kloster Abdinghof bei Paderborn zustanden, hatte der Mönchehof die Aufgabe, den Zehnten einzusammeln. Das Haus entstand 1736, der Hof wird nicht mehr bewirtschaftet.

Ehem. Hof Nr. 10, rechts neben der Feuerwehr

146

Obernhagen 2 (**Nr. 5**) entstand das *Haus Ossenkop*, im Jahre 1800 neu erbaut. Die Hausinschrift des Fachwerkbaus wurde in das heutige neue Gebäude integriert, und lautet: *Ich habe nicht gebaut aus Lust und Pracht, sondern des große Wasser hat mich dazu gebracht* – ein deutlicher Hinweis auf die Bedrohung durch Hochwasser.

Hier endet mein Rundweg und ich gehe zur Bushaltestelle zurück. Ihr gegenüber befindet sich das 1888 erbaute und 1896 erweiterte Gebäude von „Heinrich Beißner und Friederike geb. Söffker" – s. Abbildung.

Im Verzeichnus der niedersächischen Baudenkmale sind folgende Gebäude genannt:
Am Steinbrink 5 (Scheune 1858);
Blumenstraße 1 (Pfarrhaus 1775), 2 (um 1900);
Hauptstraße: ev. Kirche; 31 (1775), 55 (2. H. 17. Jh.);
Hintere Straße 22 (Woh-/Wirtschaftsgeb., Scheune),
Obernhagen 8 (1817), 15 (1872).

5. HADDESSEN

164 Dokumente im NLA Bückeburg (überwiegend aus dem 19. Jahrhundert)

1532: Franz von Kerssenbrock bekennt, dass er von Graf Adolf XIII. zu Holstein-Schaumburg einige Erblehen in Haddessen u.a. empfangen hat. Anfertigung auf Papier, Mittelniederdeutsch. Oblatensiegel des Ausstellers aufgedrückt. 16.09.1532 (NLA BU, Orig. F, Nr. 268)
1773: Karte ... von der Dorfschaft Haddessen Amt Schaumburg ... mit Feldmark und Ortslage. Karte der Landesvermessung mit Flurnamen, Flächenmaßen, Besitzernamen und Nutzungsangaben, farbige Zeichnung von J. H. Scheffer jun. (NLA BU, S 1, C 180)

Zur Familie von *Kerssenbrock* (Hauptsitz Schloss Barntrup) s. auch unter Fischbeck und Kleinenwieden

Das Stift Fischbeck erhielt bei seiner Gründung 955 u.a. auch eine Hufe (als Fränkische Landhufe etwa 12 Hektar; 1 Hektar = 100 x 100 m) in Haddessen.

Aus der zweiten Hälfte des 11. Jahrhunderts ist bekannt, dass Bischof Egilbert von Minden (Bischof von 1055-1080) dem St. Moritzkloster (Mauritius-Kloster – s. auch unter Weibeck) auf dem Werder in Minden u.a. zwei Hufen in Haddessen überließ.

955 gab es einen Hof von der Größe einer Hufe und hundert Jahre später einen zweiten Hof mit zwei Hufen Land. Die beiden Mindener Hufen gingen später an das Stift Fischbeck, das im 16. Jahrhundert Grundherr über alle Höfe war. Eine Ausnahme bildete ein Großkötnerhof, der dem Bonifatius-Kapitel in Hameln zustand.

1774 (1773) wurde von hessischen Landvermessern die Dorfflur aufgenommen – dazu berichtete W. Maack („Tausendjährige Sünteldörfer" 1955), dass der am nördlichen Ufer des Dorfbaches gelegene Dorfteil der ältere und wichtigere gewesen sei. Hier seien drei von vier Vollmeierhöfen und zwei von den drei Großkötnerhöfen verzeichnet. Weiter ist zu lesen:

Das alte Dorfbild läßt die Vermutung aufkommen, daß die Dorflage sich ursprünglich auf das Nordufer des Baches beschränkte.

In der Frühzeit des Dorfes gab es nur einen Hof – den des *Haddo*, nach dem es seinen Namen erhielt. Dieser Hof nahm nach W. Maack „den ganzen Raum der späteren Höfe 1,3,5 und 4 ein".

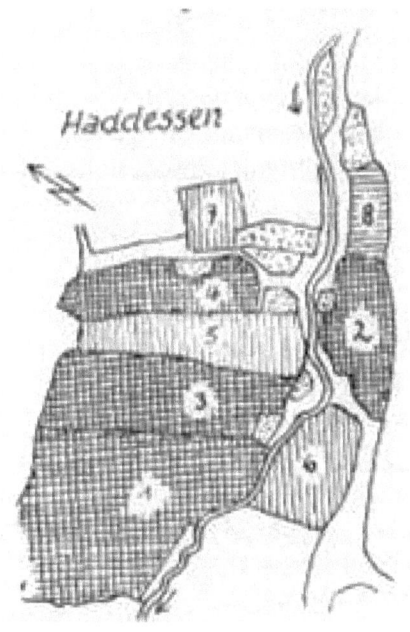

Skizze zur den frühen Höfen in Haddessen – aus:
W. Maack/F. Kölling: Tausendjährige Sünteldörfer, S.43

W. Maack nennt für das Jahr 1782 folgende Namen zu den Vollmeier-Höfen:

Vollmeier Nr. 1, Johann Heinrich Lange (insgesamt 120 Acker zu etwa je 24 ar)

Vollmeier Nr. 2, Johann Tönnies Holste (zusammen 87 ¾ Acker)

Vollmeier Nr. 3, Wilhelm Adolph (zusammen 90 ¼ Acker)

1927 sind in dem mehrmals genannten Verzeichnis der „Dörfer und Gutsbezirke Grafschaft Schaumburg" folgende Namen genannt:
1 (und 8) Wilhelm Holsten, Land- und Gastwirt
2 Wellhausen, Karoline, Witwe und Käse, Heinrich, Arbeiter
3 Wehrhahn, August, Landwirt
Eine Kolonialwarenhandlung führte Friedrich Meier (Nr. 22, Landwirt) und als Hausschlachter wirkte der Maurer Wilhelm Lampe (Nr. 57). Auch ein Musiker wohnte in Haddessen, Jul. Schulte, der zugleich Landwirt war (Nr. 23). Die Einwohnerzahl wird mit 267 angegeben. Als Lehrer ist Adolf Andermann verzeichnet. 1764 bestand ein Schulverband von Haddessen mit Bensen, Höfingen und Pötzen. 1784 schieden Bensen bzw. Pötzen daraus aus. Im Niedersächsischen Staatsarchiv in Bückeburg existiert ein Schreiben des Bürgermeisters Johann Friedrich Wellhausen (Hof Nr. 3, auf Hof Nr. 1) vom 25. Januar 1839, in dem über einen geplanten zweiten Schulsaal in Haddessen wegen der großen Zahl an Schülern berichtet wird. Höfingen jedoch wollte eine eigene Schule haben, die sie aber erst 1938 erhielt. (Quelle: www.höfingen.net)

Zur Entwicklung der Einwohnerzahlen:
1795: 128 – **1823**: 162 – **1858**: 241 – **1871**: 228 – **1885**: 244 – **1905**: 279 – **1925**: 269 – **1939**: 248 – **1950**: 525 – **1961**: 371 – **1970**: 388 – **1972**: 411 – **1983**: 376 – heute: 348.

Zu Besuch (Juli 2018)
Von Pötzen kommend kommt man am Orteingang in der *Pötzer Straße 4* zu dem Gebäude der ehemaligen *Schule*, das im Verzeichnis der Baudenkmale wie folgt aufgeführt ist:
„2-gesch. Ziegelbau in zeitüblicher Gestaltung v. >1900<"

Das Foto zeigt den Blick auf den Innenhof von der Pötzer Straße aus

In der *Hannebreite 8* befinden sich ein ebenfalls im Verzeichnis der Baudenkmale aufgeführten Gebäude – das Wohnhaus von 1745 und die Scheune von 1854:

Bei dem Wohnhaus handelt es sich um ein 2-geschossiges Fachwerkhaus (Vierständer), das um 1900 in der Ziegelbauweise der Region erweitert wurde. Die Scheune ist ebenfalls ein Fachwerkbau mit einer Einfahrt in der Mitte.

6. HÖFINGEN

7 Dokumente im NLA Bückeburg

1773: Geometrischer Grundriss von der Dorfschaft Höfingen (Hoevingen) … Flurkarte der Landesvermessung mit Ortslage, Besitzernamen, Flurnamen und Flächenmaßen, farbige Zeichnung gemessen und angefertigt von Johann Daniel Wolff, M 1:1 271, 140x250 cm (NLA BU, S 1, C 260)

Über die Entstehung der Siedlung schrieb Fr. Kölling einleitend in seinem Beitrag (1934)

Eine sächsische Siedlung.

Höfingen.

Wenn wir die Gründung eines Ortes auf einen gewissen Zeitraum festlegen wollen, müssen wir uns zunächst über die Bedeutung des Namens klar werden. Die älteren Formen von Höfingen sind „hovengen" 1205 „Hovinghe" 1325 „Hoevingen" 1564. Die Endung „ingen" kommt in Norddeutschland wenig vor, während sie in Süddeutschland häufig ist. In der Grafschaft Schaumburg gibt es nur noch Heßlingen und Schöttlingen [= Ortsteil von Lindhorst; in Süddeutschland Höfingen als Stadtteil von Leonberg].

Die Endung „ing" oder „ingen" deutet an, daß die Gründung von einer Person erfolgte. Die Endung „ing" bezeichnet die Abstammung. Der Edling ist der Nachkomme eines Edelen. Bei den Ortsnamen steht sie meist im 3. Fall der Mehrzahl. Höfingen heißt demnach bei den Nachkommen des Hov. „Hov" ist entweder von ahd. [althochdeutsch] „hu" = Gedanke, also der Kluge, Schlaue oder von „Hof" abzuleiten, würde demnach „bei den Nachkommen des Hofbesitzers" bedeuten.

Es ist auffallend, daß dieses eine „ingen" zwischen einer ganzen Reihe von „hausen" liegt. Die Grundform dieser Siedlungen ist gleich, sie ist sächsisch. Wenn Mielke (das deutsche Dorf)* meint, daß mit „ingen" fränkische Herrensitze bezeichnet wären, so müssen wir annehmen, daß ein Franke diese sächsische Siedlung Höfingen

152

übernahm. Der Sachse mag in den Kämpfen mit dem fränkischen König Karl gefallen oder zwangsweise in das Frankenland geführt sein.

Der erste Haupthof des Gründers ist bald in mehrere Höfe zerlegt. Das deutet der Name „bei den Nachkommen des Hov" an. Als die Sachsenkriege beendet waren, wurde das Hufesystem in ganz Sachsen eingeführt. Die Hufe – etwa 30 Morgen – galt als Ackernahrung einer Familie. Sie setzte sich aus Aeckern in verschiedenen Fluren zusammen. In der Sachsenzeit war noch das Ackerland Allgemeinbesitz (Allmende), nur Haus und Hof waren persönliches Eigentum (Allod). Etwa um 800 waren auch die einzelnen Ackerstücke der Gewanne [Feldflur mit Dreifelderwirtschaft] persönlicher Besitz geworden...

[* Robert Mielke: Das deutsche Dorf, Teubner Leipzig 1913]

Fr. Kölling stellt weiterhin fest, dass 1770 die Entwicklung des eigentlichen Ortes abgeschlossen gewesen sei und der Ortsteil an der Pötzer Landstraße erst in der zweiten Hälfte des 19. Jahrhunderts entstanden sei. Die Flurkarte vermittle recht deutlich die *Grund-formen einer sächsischen Siedlung*. Und weiter schrieb er:

...Die allmählich zu den Finnenbergen ansteigenden Hänge wurde als Hude benutzt. (...) Der große und kleine Finnenberg bildeten die Waldmarkung der Siedlung. Zweifellos verdankt die Gemeinde dem Schutze des Stiftes Fischbeck, daß ihr der Wald nicht vom Landesherrn genommen wurde.

Ende des 19. Jahrhunderts habe sich das Bild des Dorfes grundlegend geändert. Die Anteile der Höfe seien zusammengelegt worden, die Hudeweiden kultiviert worden. Der Pflug sei bis an den Waldrand vorgedrungen und der Wald selbst von Höfingen abgetrennt und in eine Genossenschaftswaldung Höfingen, Fischbeck, Pötzen umgewandelt worden.

1205 ist der Ort, wie beschrieben aus einer Gruppensiedlung entstanden, an das Stift Fischbeck als Grundherrn gekommen. Als Urhöfe werden 5 Vollmeier- und Halbmeierhöfe genannt.

Vom Benser- und Haddesser Bach wurden drei Mühlen betrieben. Ab 1700 führte auch die Poststraße – von Oldendorf kommend – durch den Ort. 1840 werden täglich 12 Postkutschen gezählt.

1898 wurde in Höfingen eine Schneiderwerkstatt, 1907 eine Bäckerei und 1913 eine Molkerei eröffnet. Die Molkerei bestand jedoch nur bis 1973.

Auch die erst 1938 gegründete Schule wurde bereits 1975/76 wieder geschlossen.

(s. auch Webseite www.hoefingen.net von Jürgen Schaper – von ihm stammt auch die *Chronik 2.0 Geschichten aus alter und neuer Zeit. Höfinger Dorfchronik*; s. Literaturverzeichnis)

Auf dem Vollmeierhof Nr. 1 begannen Ferdinand und Helene Dohme 1959 mit der Anlage der ersten Champignonkulturen im Keller des Gutshauses. Damals wurden die Champignons noch zusammen mit Gemüse direkt vom Ackerwagen auf den Wochenmärkten verkauft. 1985 übernahm der Sohn Dr. Ferdinand Dohme (Biologe) die Geschäftsführung. Als Weser Champignon Dohme GmbH & Co hat das Unternehmen heute drei Standorte mit 500 Mitarbeitern.

Eine Hausstelle an der Straße von Höfingen nach Pötzen wird seit 1856 *Texas* genannt (auf einem Findling am Ortsschild), am Pötzer Bach gelegen. Mein Großvater lockte mich als Kind zu einer Ausfahrt mit dem Auto mit dem Hinweis, wir führen nach Texas, was mich zu der ungläubigen Frage veranlasste, wie wir denn mit seinem Auto dorthin kommen könnten. Der Name ist auf die vielen Auswanderer in der Zeit zwischen 1851 und 1900 zurückzuführen, als es für junge Bauernsöhne nur wenig Arbeit in dieser Region gab. Konrad Diekmann nennt einige Namen (Sempf und Mengerßen) in seinem Beitrag „Höfingen-Texas. Zur Geschichte eines historischen

Ortsnamens" (Heimatblätter Heft 15/1999) und stellt fest, dass diese meist nur mündlich überliefert seien.

Als Heimatforscher wird Konrad *Diekmann* (1912-2009) durch eine Eiche in Höfingen geehrt – Autor u.a. von „Dies und das für jeden was! Geschichten, Erzählungen und Erinnerungen, Höfingen-Texas 2005" (StB Hm). Die Eiche wurde am Reesebrink in Höfingen-Texas am 18.10.2009 vom Heimatverein Höfingen gepflanzt.

Auf den topographischen Karten sind in Höfingen am Haddesser Bach außer *Hägers Mühle* vor der Vereinigung dieses Baches mit dem Pötzer Bach noch zwei weitere Mühlen eingezeichnet.

Zur Entwicklung der Einwohnerzahlen:
1795: 158 – **1823**: 174 – **1858**: 242 – **1871**: 260 – **1885**: 246 – **1905**: 224 – **1925**: 230 – **1939**: 257 – **1950**: 540 – **1961**: 405 – **1970**: 491 – **1972**: 497 – **1983**: 595 – heute: 412.

ZU BESUCH
Die sehenswerten Häuser (und Baudenkmale) befinden sich an der *Neuen Heerstraße – Nr. 12 (Ziegelbau), 19 (Gasthaus um 1910) und 35 (Dohme) sowie in der Nährenbachstraße 10.*
Wirtschaftlich ist Höfingen von dem Untrenehmen WESER-CHAMPIGNON (Dohme) geprägt.

Wohnhaus Dohme von 1906 (Dohme) Neue Heerstraße 35

Im Verzeichnis der Baudenkmale als *„Repräsentativer 2-gesch. Ziegelbau mit Putzgliederungen von 1906"* beschrieben – auch die übrigen dort genannten Baudenkmale sind *Ziegelbauten*, die häufig neben Fachwerkhäusern das Bild der übrigen Sünteldörfer prägen.

In der *Neuen Heerstraße* steht außerdem das ehemalige Gasthaus, um 1910 errichtet:

Oben: Gesamtansicht – unten: Hauptgebäude

Für diese Gebäude lautet die Eintragung im Verzeichnis der Baudenkmale: *„2-gesch. Ziegelbau mit Ziegelornamentik und Ziegelfachwerk, prägend in Ortsmitte gelegen."*

7. KLEINENWIEDEN

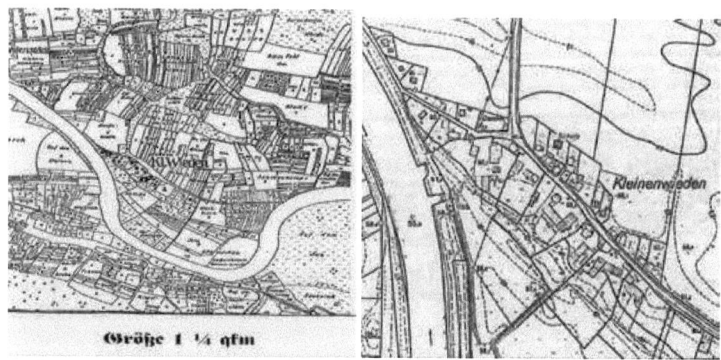

Flurkarte von 1713
(Quelle: www.kl-wieden.de)

137 Dokumente im NLA Bückeburg (überwiegend 19. Jh.)

1615-1617: Zwischen Großen- und Kleinenwieden gelegener Steinbrink oder Anfluß an der Weser des Gerd Weigendorf, Vogt zu Schaumburg (NLA BU, L 1, Nr. 5774)   **1648**: Verpfändung von zwei Meiern zu Kleinenwieden durch Gerlach von Kerssenbrock (NLA BU, L 1, Nr. 4355)

Der Name des Dorfes taucht 1347 als *Lüttiken Wyden*, 1564 als *Lütkenwieden* auf. Zunächst entstand der Hof Nr. 1 auf einem Weserwerder, auf einer Weserplatte am Strom – offensichtlich eine sächsische Gründung. Durch eine Rodung nördlich davon wurde Ackerland gewonnen, in südöstlicher Richtung befand sich der Hofraum mit anschließender Weide. In der Waldrodungsperiode zwischen 900 und 1000 n. Chr. kamen die Höfe Nr. 2 bis 4 hinzu. Grundherren waren die Grafen von Schaumburg.

1242 wird als Lehensmann der Ritter und Burgmann Werner Thume auf Hof Nr. 1 genannt; letztmalig als Ritter 1415 Herrmann Dhume und ab 1565 Hans Dohme auf Hof Nr. 1, womit auch die Namenswandlung dokumentiert ist.

Es führt nur eine Straße von Großenwieden kommend durch das Dorf und weiter bis Deckbergen. 1747 wurden 8 Haushaltungen verzeichnet.

Auf der genannten Webseite sind den Nr. 28a bzw. Nr. 49 die Bezeichnungen *Alte Schule* bzw. *Gasthaus „bei Meyer"* zu geordnet.

In „Mein Heimatland" sind die Zahlen zur Entwicklung der Bevölkerung wie folgt angegeben:

1795: 72 – **1823**: 93 – **1858**: 117 – **1871**: 103 – **1885**: 99 – **1905**: 144 – **1925**: 156 – **1939**: 120 – **1950**: 239 – 1961: 143 – **1970**: 125 – **1972**: 117 – **1983**: 118 – heute: 93.

(Die Daten nach 1950 stammen aus dem Buch „Hessisch Oldendorf 750 Jahre".)

Nördlich von Kleinenwieden bis Großenwieden in Richtung auf das Wesergebirge breiten sich heute große Kiesseen aus. Diese Baggerseen als eine Seenlandschaft sind besonders gut von der Schaumburg aus zu sehen.

Über die Kiesvorkommen im Wesertal zwischen Rinteln und Hameln ist zu berichten:
Die ganze Weserniederung ist von einer im Laufe der Jahrhunderte angeschwemmten, unterschiedlich dicken Schicht Auelehm angefüllt. Darunter liegen starke Schichten von Kies, der als Geröll von der Weser abgelagert wurde. In den Kiesgruben westlich und östlich von Rinteln und auf der ‚Insel' bei Hess. Oldendorf sind die Schichten bis zu vier Metern stark.

Zu Besuch in Kleinenwieden
Im Verzeichnis der Baudenkmale sind die Wohn- und Wirtschaftsgebäude Kleinenwieden Nr. 19 und Nr. 37 verzeichnet, die sich an der Bushaltestelle (Nr.19) bzw. in Richtung Kohlenstädt (Nr. 37) nach der Abzweigung links am Kriegerdenkmal vorbei befinden.

Nr. 37 – ehemals Nr. 1

Das Baujahr des Wohn- und Wirtschaftsgebäudes mit der Nr. **37** wird mit 1759 angegeben.

Direkt an der Bushaltestelle befindet sich das zweite historische Gebäude – hier die nr. 19a, früher Nr. 5.

Bis heute sind die Häuser in dem kleinen Straßendorf allein mit Nummern bezeichnet, da es auch nur eine Straße gibt.

Am Ende dieser Straße, nach dem heutigen Hotel garni *WeserLounge*, befand sich früher das Gasthaus bei Meyer mit der Nr. 49.

8. KRÜCKEBERG

331 Dokumente im NLA Bückeburg – bis 1600: 18 Dokumente)

1546: Bestätigung der Leibzucht des Kurt Georgius und Antonius von Bardeleben aus dem Hof zu Krückeberg durch Graf Otto IV. zu Holstein-Schaumburg (NLA BU, F 3, Nr. 623)
1547-1548: Klage der Brüder Cordt und Tönnies von Bardeleben wegen der Anlage einer neuen Mühle zur Krückeberg durch Graf Otto zu Holstein-Schaumburg (NLA BU, L 1, Nr. 4058)
1569: Urkunde des Grafen Otto, betr. Consens zur Anlegung eines Alaun-, Silber- und Kupferbergwerks bei Krückeberg durch Melchior Huscher von Schneeberg nach Bergwerks-Recht und Gewohnheit. 22.06.1569 (NLA BU, Orig. 1, Nb Nr. 3)
1576: Bürgermeister und Rat von Oldendorf bezeugen, daß Mette von Holle, Witwe des Claus Büsche, dem Hospital oder Siechenhaus, zwischen der Stadt O. und dem Dorfe Krückeberg gelegen, 40 Joachimsthaler vermacht hat. NLA BU, Orig. Dep. 3, R Nr. 12)

1242 wurde als Zeuge in einer Urkunde des Klosters Marienwerder (im Nordwesten von Hannover, eines der fünf Calenberger Klöster) Rotbertus de *Krukeberge* genannt, womit die älteste Namensform des Ortes belegt ist. Im 16. Jahrhundert schrieb man Kruckeberg, wahrscheinlich schon als Krückeberg gesprochen.

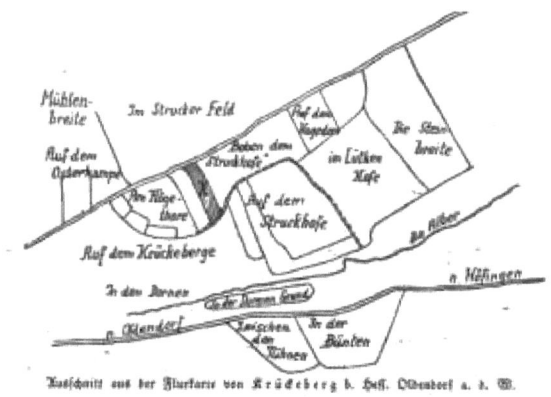

Ausschnitt aus der Flurkarte von Krückeberg b. Heß. Oldendorf a. d. W.

Aus: Fr. Kölling 1941

In seinem Beitrag über „Krückeberg an der Weser. Eine alte germanische Gerichts- und Kultstätte" (1941) berichtete Fr. Kölling u.a.:

Krückeberg, heute ein kleines Dorf mit kaum 200 Einwohnern, liegt etwa 1 ½ km östlich von Hess.-Oldendorf. Der heutige Ort liegt in der Mulde, in der der Hollenbach, vom Hohenstein herkommend, in das Wesertal einritt. Östlich schließt sich der Krückeberg an. Unter diesem Höhenzug floß in früherer Zeit die alte Weser, die zu Beginn des Dreißigjährigen Krieges von Jobst von Mengersen auf Rittergut Stau abgedämmt wurde.

Im 16. Jahrhundert bestand Krückeberg nur aus dem Junkernhofe, 4 Vollmeier- und 2 Kotthöfen.

Und daran anschließend verglich Fr. Kölling die Flurverteilung mit derjenigen der Sünteldörfer und stellte wesentliche Unterschiede fest, aus denen er folgende Schlussfolgerung zieht:

...Während wir alle übrigen Sünteldörfer zu dem altsächsischen Siedlungsabschnitt zwischen 500 und 600 zu rechnen haben, muß Krückeberg in seiner Siedlungsform einer späteren Zeit angehören. Auffallend ist ferner, daß das Land des Junkernhofes und der 3 Vollmeierhöfe Nr. 2-4 zehntfrei war, während nur der Hof Nr. 1, der

164

„Struckhof", der Zehntpflicht unterlag. Außer den um 1250 gegründeten Hagendörfern finden wir keinen Ort, der zehntfrei war. Da der Zehnte um 800 von Kaiser Karl zur Ausstattung der Kirchen eingeführt wurde, müssen die zehntfreien Höfe nach 800 gegründet sein. D e r S t r u c k h o f m u ß a l s o s c h o n   v o r h e r b e - s t a n d e n h a b e n. Der fränkische Begründer der zehntfreien Höfe wird also einen besonderen Grund gehabt haben, diesen dem Struckhof gegenüber mit einem besonderen Vorrecht auszustatten.

Wir haben den Hof Nr. 1, den „Struckhof", als den ältesten und vor etwa 800 als den einzigen Hof von Krückeberg anzusehen. Im Schatzregister von 1561 ist er noch vorhanden. Darnach war er doppelt so groß wie die andern Höfe. In seiner Größe weicht er deutlich von den andern ab. Während die anderen Höfe in der Talmulde lagen, befand er sich auf der langen Höhe „auf dem Krückeberg". Im Dreißigjährigen Kriege ist er zerstört und merkwürdigerweise als einziger Hof des ganzen östlichen Wesertales nicht wieder aufgebaut (worden).

Aus seiner Analyse der Flurnamen schloss Fr. Kölling auch, dass hier auf dem Höhenzuge östlich von Krückeberg eine alte germanische Kult- und Gerichtsstätte bestanden hätte:
...Zweifellos steht sie im Zusammenhang mit dem Hohenstein-Süntel. Unerklärlich würde es uns sein, daß man eine christliche Kirche in den kleinsten Ort des ganzen Gebietes stellte. Mit Vorliebe wurden ja bei der Einführung des Christentums die ersten Kirchen an dem Sitz der germanischen Kult- und Gerichtsstätten errichtet. (...) Die Krückeberger Kirche ist sehr alt, wahrscheinlich die älteste im östlichen Wesertale. Sie wird Mutterkirche, die Oldendorfer Tochterkirche genannt.

Wir wissen, daß sich die Sachsen hartnäckig der Einführung des Christentums widersetzten. Zum Schutz der Kirche wird man deshalb einen Adelshof, „den Junkernhof", angelegt haben. Jedenfalls wird ein fränkischer Edler der Gründer des Adelshofes gewesen sein, *der somit den Schutz der Kirche und die Überwachung der Kultstätte übernahm...*

Seit 1564 besteht bis auf den heutigen Tag eine Verbindung zwischen den beiden bis dahin getrennten Pfarreien Weibeck und Krückeberg. Der reformatorische (evangelische) Pfarrer Eberhard Poppelbaum trat die Krückeberger Kirche, die zur Mutterkirche in Oldendorf gehörte, mit Zustimmung des Grafen Otto V. von Schaumburg seinem Kollegen Gerhard Hugo in Weibeck ab. Er übernahm 1552 das Amt des ersten Pfarrers in der größeren Pfarrgemeinde Oldendorf.

Die Kirche in Krückeberg war dem heil. Petrus geweiht. 1331 schenkte ein Graf von Wunstorf – auch Graf von Roden genannt, der offensichtlich von der Burg Rohden stammte; um 1300 gab es einen Grafen Boldewin – das Patronat über die Kirche dem Moritzkloster zu Minden. Später ging dieses Recht auf die Grafen von Schaumburg über.

In der Historie wird neben der Kirche auch ein der altschaumburgischen Adelsfamilie von Zerssen gehöriges Rittergut, der sogenannte *Junkerhof* erwähnt (zur Vorgeschichte s. Fr. Kölling weiter oben). In der ersten Hälfte des 19. Jahrhunderts war damit der Kabinettsrat (und kurhessische Außenminister) des Kurfürsten Wilhelm II. von Hessen-Kassel (1777-1847), Carl Rivalier von Meysenbug (1779-1847) belehnt, dem es jedoch die Familie von Zerssen streitig gemacht haben soll.

Die Kirche besitzt einen romanischen Westturm aus dem 12. Jahrhundert, das Schiff weist den Übergangsstil zur Gotik auf. Beide wurden aus Sandstein erbaut. Das Kirchenschiff besteht aus zwei Jochen mit einem geraden Chorabschluss. Das Kruzifix stammt aus der Zeit um 1320 und wurde erst 1966 im Pfarrhaus von Weibeck entdeckt. Danach wurde auch das neue Pfarrhaus in Krückeberg bezogen.

1969 wurde das Innere der Kirche, das „als unvorstellbar dunkel und finster" bezeichnet wurde, umgestaltet. Bis dahin befanden sich u.a.

auch um den Altar herum Stühle der Familie von Zerssen und anderer „Herrschaftlicher". Die Kirche erhielt auch eine neue Orgel, die sich nun auf der Westseite und nicht mehr über dem Altarraum befindet. (www.kirche-weibeck-krueckeberg.de/kirchen.html)

An der Landstraße von Hessisch Oldendorf nach Hameln steht an der Einmündung zur Ortsmitte von Krückeberg des ehemalige *Gasthaus Wege,* das ich als Kind vor dem Beginn meiner Schulzeit wenige Jahre nach dem Zweiten Weltkrieg noch mit meiner Mutter bzw. meinen Großeltern besucht habe.

Historisches Foto vom ehemaligen Gasthaus Wege in einem Schaukasten in Krückeberg

In der Ortschronik von Höfingen (s. dort) ist über dieses Gasthaus zu den Ereignissen im Zweiten Weltkrieg zu lesen:

„Im Gasthaus Wege in Krückeberg wurden im Saal 20-40 Kriegsgefangene untergebracht. Zuerst waren es Franzosen, danach bis Kriegsende polnische Unteroffiziere. Sie wurden im Finnenbergraum mit der Aufforstung von Sturmschäden beschäftigt. (...) Später wurden die Gefangenen bei der Neuaufforstung des Waldes eingesetzt. (...) Die Familie Wege in Krückeberg unterhielt als Nebengewerbe eine Kleinlandwirtschaft und war ebenfalls auf die Unterstützung der Zwangsarbeiter angewiesen. Frau Wege bemühte sich, für die Gefangenen neben der Lebensmittelzuteilung noch weitere Lebensmittel heranzuschaffen. Täglich leistete ein Gefangener Frau Wege in der Küche Hilfe. Als Dank für die freundliche Behandlung setzten sich die polnischen Gefangenen dafür ein, dass in Krückeberg von polnischen und russischen Arbeitern keine Gewalttaten verübt wurden. (...)"

Entwicklung der Bevölkerungszahlen
1795: 95 – **1823**: 126 – **1858**: 129 – **1871**: 149 – **1885**. 159 – **1905**: 129 – **1939**: 147 – **1950**. 334 – **1961**: 294 – **1970**: 291 – **1972**: 312 – **1983**. 339 – heute: 326.

ZU BESUCH

Von der Bushaltestelle *Krückeberg Alberbach* gehe ich zunächst zur Petri-Kirche mit der Adresse Krückeberg 10. Die Foto vermittelt die Ansicht vom Friedhof.

Das zweite Foto zeigt die *Petri-Kirche* von der Durchgangsstraße nach Zersen aus gesehen.

Die Kirchengemeinde Weibeck-Krückeberg berichtet auf ihrer eigenen Webseite über die Kirche u.a. (Texte: Edith Patzelt, Barksen) „Die Kirche und der Turm, beide aus Sandstein, wurden zu verschiedenen Zeiten, und daher voneinder getrennt, gebaut. Der romanische Turm, aus dem 12. Jahrhundert, hat Schallarkaden mit zierlichen Trennungssäulen. Beim Kreuzgewölbe der Halle sind die Rippen wenig ausgeprägt. Vom Turm zum Kirchenschiff gab es bis zur Renovierung im Jahre 1969 nur einen Durchbruch, der erst dann zur Tür ausgeweitet wurde. Das Kirchenschiff, bestehend aus zwei Jochen mit einem geraden Chorabschluss, wurde in der Zeit des Übergangs von der Romanik zur Gotik errichtet…"

Die Kirche wird im Verzeichnis der Baudenkmale als *„gotische Hallenkirche aus Bruchsteinmauerwerk, wohl 13. Jh. romanischer Westturm, ebenfalls Bruchsteinmauerwerk"* beschrieben.

Aus frühen Zeiten stammen noch das *Kruzifix* um 1320 und die *hölzerne Taufe* von 1606.

Blick in den Innenraum der Kirche (Foto am Eingang in der Kirche)
aus der Zeit vor 1969

Auf der gegenüberliegenden Straßenseite zweigt der Weg *Hollenbach* ab. Hier steht mit der Nr. 2 ein Haus, das als ehemalige *Leibzucht* bezeichnet wird.

Als *Leibzucht* oder *Leibgedinge* im engeren Sinne wird die Verpflichtung bezeichnet, Naturalleistungen wie Wohnung, Nahrungsmittel und auch Pflege gegenüber einer Person bis zu deren Tod zu erbringen. Sie ist in der Regel bei der Übergabe eines Hofes an den Sohn vereinbart worden und enthielt auch den so genannten *Altenteil*, verbunden mit dem Wohnrecht oft in einem speziellen Haus.

Im Verzeichnis der Baudenkmale ist dieses Haus als „Wohn-/Wirtschaftsgebäude (Leibzucht ehem.). 2-gesch. Fachwerkbau mit Mittellängsdiele von >1850<" beschrieben.

Eine Bronzetafel informiert hier (am Dorfplatz) auch über die Geschichte von Krückeberg:

Aus der Chronik von Krückeberg
In Krückeberg gab es früher zwei Wassermühlen. Sie sind in der zweiten Hälfte des 16. Jahrhunderts erbaut worden und haben zuerst den Herren von Zersen gehört. Sie wurden die „Untere Mühle" und die „Obere Mühle" genannt.
1782 gingen die Mühlen in den Besitz des Hofrat(s) von Brand in Wetzlar über, der sie an Chr. Ludwig Bergmann verpachtete, später an den Müller Wehrbein aus Aerzen und an Konrad Hr. Starke.
1880 waren beide Mühlen im Besitz der Müllerfamilie Triebold.

1905 brannte die „Untere Mühle", die auf diesem Platz stand, ab. Das Gebäude und der Wasserfall der „Oberen Mühle" sind 100 Meter oberhalb dieses Platzes noch erhalten.

1951 wurde von der damals noch eigenständigen Gemeinde Krückeberg an dieser Stelle ein Feuerwehrhaus errichtet. Es stand direkt am Mühlenbach, der hinter dem Feuerwehrhaus einen 4 Meter tiefen Wasserfall hinab fiel.

1965 wurde, im Zuge des Ausbaus der Kreisstrasse, der Mühlenbach verrohrt und der Wasserfall mit einem Schacht umgeben.

2000 wurde das alte Feuerwehrhaus abgerissen, nachdem zwei Jahre zuvor ein neues Feuerwehrhaus am Ort erstellt worden war.

2001 errichtete der „Krückeberger Heimatverein" an dieser Stelle den Dorfplatz in seiner jetzigen Form.

Der Schacht des Wasserfalls am Dorfplatz mit Blick auf die *Leibzucht*

Auf dem Weg nach Zersen komme ich noch an einer sehenswerten Hofanlage mit Wohn- und Wirtschaftsgebäude (beides Ziegelbauten) vorbei:

Krückeberg Nr. 14

Die Gebäude Krückeberg Nr. 9 (*Wohnhaus 2-gesch. Ziegelbau…, und Wirtschaftsgebäude, Ziegelbau mit zwei Quereinfahrten, rechtwinklig an ehem. Stall angebaut, erb. um 1900*) und Nr. 14 (Fachwerkbau, mit seitlicher Längseinfahrt, Mitte 19. Jahrhundert, mit Verlängerung (Remise) aus der 2. Hälfte des 19. Jahrhunderts) werden im Verzeichnis der Baudenkmale aufgeführt..

9. LANGENFELD

193 Dokumente im NLA Bückeburg – davon bis 1600: 7

1575: Auseinandersetzung mit Joachim Post wegen der Schäferei zu Langenfeld (NLA BU, L 1, Nr. 5891
1632: Klage des Hans Beutte zu Langenfeld „auf der Lust" und des Heinrich Gärling zu Escher wegen Kriegsschäden (NLA BU, L1 , Nr. 5890

Der Ort wurde 1279 erstmals urkundlich erwähnt. Es handelt sich um eine Urkunde vom 17. August 1279, in welcher der Mindener Bischof Volquin (Volkwin) von Schwalenberg (lebte von 1240/1245 bis 1293, ab 1275 Bischof) dem Marienstift in Minden zwei Hufen Land in Horsten bei Nenndorf übertrug und dafür das Dorf Langenfeld erhielt.

Die Langenfelder Hochfläche wurde erst verhältnismäßig spät besiedelt. Die Familie POST (s. unter „Bedeutende Familien") wird jedoch bereits ab 1056 als „Siedlungsunternehmer" in der Bewirtschaftung des sogenannten „Lustlandes" zwischen Hattendorf und Langenfeld genannt. Das älteste Steuerregister für Langenfeld stammt aus dem Jahr 1550. Eine Besiedlung wird ab 1530 angenommen und für diese Zeit wird auch ein weiteres Mitglied der Familie Post, Joachim (von) Post, verheiratet mit Agnesa von Wartensleben, gestorben am 21. 6. 1577 im 71. Jahr, genannt. Das Epitaph für Joachim Post und seine Frau befindet sich im südlichen Seitenschiff der St. Nikolai-Kirche in Rinteln. Auf dem Epitaph sind auch die drei als junge Erwachsene verstorbenen Kinder kniend am Kreuz dargestellt.

Entwicklung der Einwohnerzahlen
1795: 93 – **1823**: 103 – **1858**: 161 – **1871**: 172 – **1885**: 163 – **1905**: 158 – **1925**: 170 – **1939**: 154 – **1950**: 342 – **1961**: 206 – **1970**: 217 – **1972**: 209 – **1983**: 242 – heute: 205.

Wahrzeichen des Ortes heute sind die 1782 am Wasserfall des Höllenbaches gegründete Wassermühle, die *Höllenmühle* sowie der *Wasserfall* selbst, 15 m hoch, im Hohensteingebiet des Süntels gelegen, der bis 1922 Energie für den Betrieb der Mühle lieferte, sowie die 2004 eröffnete *Schillat-Höhle*.

Zur Geschichte der Höllenmühle ist dort auf einer Tafel Folgendes zu lesen:

„Den höchsten natürlichen Wasserfall Norddeutschlands findet man nicht im Harz, sondern hier in Langenfeld. 15 m hoch ist die Felswand, über die der Höllenbach hinabstürzt. Oben steht die Höllenmühle, die bereits 1664 in einer Urkunde erwähnt wurde. Es heißt, früher habe der Müller gegen ein Trinkgeld den Mühlenbach abgelassen, damit der Wasserfall anständig ins Tal donnerte. Übrigens hat „Hölle" nichts mit Fegefeuer zu tun, sondern geht auf „Hel" zurück, eine alte Bezeichnung für Mulde oder Senke.
Unterhalb des Langenfelder Wasserfalls liegt der Schneegrund. Die steile Schlucht wird derart stark von Buchen beschattet, dass am Boden nur Kräuter überleben können, die vor dem Grünen der Bäume austreiben. So wachsen hier Frühjahrsblüher wie Buschwindröschen, Gelbes Windröschen und Scharbockskraut ebenso wie der kräftig riechende Bärlauch."
(zu Langenfeld s. auch Webseite des Tierarztes Dr. Rüdiger Schmitz in Langenfeld www.bergtierarzt.de)

Der Höllenbach speiste diese zwischen 1734 und 176o erbaute Mühle, später auch die Rohdener Papiermühle und drei weitere Mühlen im Rohdener Unterdorf (s. unter Rohden).

Langenfelder Wasserfall

Langenfelder Wasserfall an der Höllenmühle
(Urheber: Misburg3014 – 1. Mai 2015)

Der Wasserfall ist der höchste natürliche Wasserfall in Niedersachen (wie oben genannt) – als Naturdenkmal ausgewiesen und geschützt. Auf einer Höhe von 298 m N.N. fällt das Wasser des *Höllenbaches* 15 Meter in die Tiefe. Die *Höllenmühle* wurde bis 1920 betrieben. Das Wasser des Höllenbaches stammt aus den Wiesenmulden von Langenfeld. Er fließt durch den Schneegrund dem Rohdener Bach zu, der in die Weser mündet.

Der Wasserfall und die Mühle bei Langenfeld um 1801
(im Original kolorierte Darstellung des Bückeburger Hofmalers und
Professor für Zeichenkunst Anton Wilhelm Strack (1758-1829) – aus:
„Malerische Reise durch das Weserbergland", Veröff. der nds.
Archivverwaltung >Inventare und kleinere Schriften des Staatsarchivs
Bückeburg< Heft 5, Katalog zur Ausstellung im Nieders. Staatsarchiv
Bückeburg, Schloß 1997 –Bearb. Thorsten Albrecht)

Eine **Schule** gab es in Langenfeld von 1905 bis 1962. Zuvor mussten
die Schüler in die Schule nach Hattendorf gehen

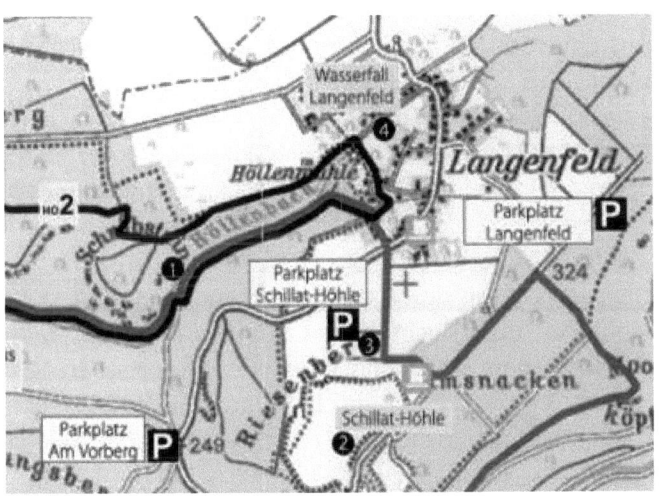

Ausschnitt aus der Karte im Faltblatt „Schneegrundweg. Spaziergang"
(Hessisch Oldendorf. Weserbergland)
(Touristikzentrum Westliches Weserbergland, Rinteln / Stadt Hessisch
Oldendorf / Weserbergland Tourismus Hameln)
mit: **(3)** Schillat-Höhle, **(4)** Wasserfall, Verlauf des Höllenbachs in den
Schneegrund **(1)**, Steinbruch Segelhorst/Langenfeld **(2)** unterhalb der
Schillat-Höhle u. „Blutbachquelle"/Südwehe (Fußweg vom Parkplatz
Langenfeld an der Försterei)

Zur Geschichte der **Försterei** ist zu bemerken, dass der Bezirk
Langenfeld erst 1885 entstand. Er wurde aus der Oberförsterei
Zersen ausgegliedert. Es wurde ein Forstdiensthöft erbaut – die
Försterei, deren erster Förster Conrad Böttner (1829-1915) aus Iba
(Bebra), Landkreis Rothenburg/Fulda, kam. Er war 1872 königlich-
preußischer Förster geworden und bis 1881 in Zersen tätig gewesen.

Von der heutigen Försterei führt uns ein Rundweg (mit einem Hinweischild) zu einer besonderen Sehenswürdigkeit – zur sogenannten *Blutbachquelle* im Süntel. Über diese Quelle habe ich einen ausführlichen Bericht in einer chemischen Fachzeitschrift veröffentlicht, aus dem ich einige Abschnitte zitiere:

„Historisch ist das Süntelgebiet durch eine blutige Schlacht aus dem Jahr 782 bekannt geworden, in der sich auf dem Dachtelfeld Sachsen unter Herzog Widukind und Franken gegenüber gestanden haben sollen. Das fränkische Heer sei vernichtend geschlagen worden, das Wasser soll sich vom Blut der Gefallenen rot gefärbt haben, Namentlich wird daran durch die Bezeichnung *Totental*, das auf die Waldhochfläche des Dachtelfeldes führt, und das *Blutbachtal* erinnert. Nach den Aufzeichnungen des fränkischen Gelehrten Einhard (geb. um 770, gest. am 14. März 840 in Seligenstadt am Main), dem Geschichtsschreiber Karls des Großen, soll sich das Sachsenlager am Nordhange des Süntels befunden haben. Das im Jahre 782 stattgefundene *Blutbad von Verde*, bei dem Karl der Große 4500 Sachsen hinrichten ließ, soll auch auf diese Schlacht zurückzuführen sein.

Geografisch und historisch zu unterscheiden sind das *Blutbachtal*, das sich dem Wanderer von der Pappmühle bei Zersen aus erschließt, und das *Totental*, das etwa 1,5 bis 2,0 km nach dem *Baxmann-Quelle* vom Blutbachtal unter der Südwehe zum Dachtelfeld abzweigt. Im Totental fließt der seit altersher so benannte *Totenborn* – dieser Bach mündet an einer Brücke in den Blutbach, welche die beiden parallel verlaufenden Wald(fahr)wege links und rechts des weiter in Richtung Pappmühle fließenden Blutbaches verbindet. Die Quelle des *Blutbaches* befindet sich im Wellergrund, wobei es sich eher um ein Quellgebiet als um eine einzelne Quelle handelt. Er mündet in der Nähe der Pappmühle, am Wasserhäuschen der Kreuzsteinquelle, in den ebenfalls aus dem Süntel kommenden Hollenbach aus der Waldflur Brunshagen oberhalb von Bakede, der bei Hessisch Oldendorf in die Weser fließt."

180

Exkursion zur „Blutbachquelle" = Totenborn-Quelle

Vom Wanderparkplatz am Forsthaus von Langenfeld führt ein ausgeschilderter Rundweg zur *Blutbachquelle*, die jedoch (wie oben dargestellt) richtiger als *Totenborn-Quelle* zu bezeichnen ist. Diese Quelle entspringt am westlichen Rande daes Dachtelfeldes nördlich des Hohensteins. Dort befindet sich ein kleines Hochtal zwischen dem nordwestlichen Ende des Berges Südwehe mit 338 m ü. NN. Auf dieser bewaldeten Hochebene tritt die Quelle zutage und fließt in einen mit einem Plattenwall umgebenen Quellenteich.

Auf einer Exkursion am 24. und 25. Juli 2012 wurde hier eine Wasserprobe mithilfe der Ausstattung eines mobilen Analysenkoffers mit folgenden Ergebnissen untersucht:
pH-Wert 8,3 – Nitrat 5 mg/l – Gesamthärte 21 °dH, Karbonathärte 10 °dH – Calcium 130 mg/l – Chlorid 4 mg/l – Eisen 0,07 mg/l – Sulfat 25 mg/l (berechnet Magnesium 12 mg/l, Hydrogencarbonat 351 mg/l).

„Der Bach fließt aus dem abgebildeten Quellteich in das enge Totental zwischen dem davon westlich liegenden Ramsnacken und dem östlich gelegenen Berg Südwehe und mündet nach etwa 1,5 km unterhalb des Hohensteins in das obere Blutbachtal, wo er sich mit dem eigentlichen *Blutbach* aus dem Wellergrund vereinigt. Aufgrund der Verkarstung fließt er oberirdisch nur nach ergiebigen Regenfällen (wie vor dem Zeitpunkt der Probenahme) und nach der Schneeschmelze durch das Totental. Ähnliches gilt auch für den eigentlichen Blutbach aus dem Quellgebiet im Wellergrund."

Schillat-Höhle

Sie wurde nach dem Sinterchronologen Bodo Schillat (1930-2006) benannt, der bereits 1969 eine Tropfsteinhöhle im Riesenberg entdeckt hatte. Die damalige 1100 m lange Höhle wurde Riesenberg-Höhle getauft. Sie wurde erforscht und wegen ihrer besonderen geologischen Bedeutung unter Naturschutz gestellt – und verschlossen. Die heutige Schauhöhle befindet sich südlich von Langenfeld auf der Nordseite des Süntels in einem Steinbruchgelände am Riesenberg. Im Süntel wird seit vielen Jahrzehnten Kalkstein aus dem Oberen Jura (Korallenoolith) im Riesenberg abgebaut, der Kalkstein wurde ab 1902 an den Kalkofen in Segelhorst geliefert.

1992 entdeckte der Sprengmeister Hartmut Brepohl diese Höhle, die etwa 180 m lang ist und in einer Tiefe von 45 m liegt. Ein großer Teil der Höhle von ursprünglich über 400 m ist dem Gesteinsabbau zum Opfer gefallen.

Die Höhle wird als eine trockengefallene Flusshöhle mit Wassererrosionsspuren und einigen wenigen Tropfsteinen bezeichnet. Sie wurde zu einer Schauhöhle ausgebaut, deren Eingang 36 m unterhalb der Steinbruchkante über einen verglasten Aufzug erreicht wird.

10. PÖTZEN

325 Dokumente im NLA Bückeburg – davon 17 bis 1600

> **1359**: Lehnbrief des Grafen Alf für Joh. von Bardeleben auf den Zehnten und Land zu „Potessen", Pötzen 27.05.1359 (NLA BU, Orig. 1, H 6 Nr. 3)
> **1552**: Beschwerde des Tönnies von Bardeleben wegen Beeinträchtigung im Besitz des Zehnten von Pötzen (NLA BU, L 1, Nr. 4059)
> **1610**: Dienstverträge mit den Landwehrschließern zu Pötzen und Fischbeck (NLA BU, L 1, Nr. 6313)
> **1611**: Ausweisung von 2 Morgen Land aus dem Knick bei Pötzen an den Vogt Jobst Brase zu Fischbeck (NLA BU, L 1, Nr.10304)

In Urkunden wird Pedessen zwischen 1237 und 1247 erwähnt. 1625 taucht der Name des Ortes auch in Zusammenhang mit einem Überfall Tillyscher Truppen im Dreißigjährigen Krieg auf.

Die *Süntelwaldgenossenschaft* (s. auch unter HÖFINGEN) genehmigte 1897 dem Hannoverschen Gebirgsverein die Errichtung eines steinernen Aussichtsturmes im Süntel, den ich auf einer Klassenfahrt 1958 bestiegen habe. Wir erreichten den *Süntelturm* (Hohe Egge, 437 m hoch gelegen) von Welliehausen aus und verbrachten eine Nacht in der damaligen *Jahnhütte* – ohne Wasserversorgung und sanitäre Anlagen, bevor wir am nächsten Tag über den Hohenstein nach Hessisch Oldendorf wanderten.

An der Jahnhütte 1958 (mit dem Autor 4. von rechts)

Die Jahnhütte im Süntel vor dem Abbruch
(an dem Weg befand sich eine Wasserstelle)

184

1905 wurde die Hütte für Steinbrucharbeiter errichtet. 1920 kaufte sie Julius Blanck und schenkte sie dem Turn-Klub-Hannover. Sie wurde zunächst Julius-Blanck-Hütte genannt, wegen der jüdischen Herkunft des Spenders 1933 in *Jahn-Hütte* umbenannt. Nach dem Zweiten Weltkrieg erwarb sie die Stadt Hameln. Die Jahnhütte wurde als Waldgaststätte und zeitweise auch als Jugendherberge genutzt, bis sie 1978 abgebrochen wurde.

Entwicklung der Einwohnerzahlen
1795: 231 – **1823**: 274 – **1858**: 345 – **1871**: 356 – **1885**: 332 – **1905**: 359 – **1925**: 358 – **1939**: 299 – **1950**. 609 – **1961**: 500 – **1970**: 530 – **1972**: 487 – **1983**: 474 – heute: 498.

Zu meinem Rundgang orientiere ich mich an der schon mehrmals genannten Denkmalliste und beginne ihn in der Durchgangsstraße (Landstraße L 123), die im Dorf den Namen *Alte Berliner Heerstraße* trägt.

Pötzer Landwehr

Der Kartenausschnitt zeigt neben dem eigentlichen Dorf Pötzen auch die *Pötzer Landwehr*, wo nur fünf Häuser stehen. Einst war hier die Landesgrenze zwischen der Grafschaft Schaumburg und dem Königreich Hannover bzw. Herzogtum Braunschweig.

Landwehren hatten militärische aber auch Kontrollfunktionen, vor allem an Landesgrenzen und Handelswegen. Der Name der Durchgangsstraße durch Pötzen, *Alte Berliner Heerstraße,* deutet auf die letztere Aufgabe, der Landbevölkerung auch einen Schutz z.b. gegenüber Räuberbanden bzw. allgemein vor Überfällen zu gewährleisten. Sie kanalisierten Verkehrsströme und verhinderten das Umgehen oder Umfahren der Kontroll- und Zollstellen.

Über die Geschichte berichten u.a. folgende Archivalien im Niedersächsischen Landesarchiv in Bückeburg:

1559   Einspruch der braunschweigischen Räte gegen einen neuen Zoll an der Pötzer Landwehr

1587/   Vermeierung des Olden Felds bei der Pötzer
1588   Landwehr seitens Heilwig Büschen, Witwe Börries von Münchhausens

(Über die Schaumburgische Belehnung der Büschens mit 1 Gut in Pötzen existiert eine Archivalie bereits aus dem Jahre 1512.)

1610   Jagdfrevel an der Pötzer Landwehr

Und auch noch

1821-1828   Die Errichtung eines Grenzschlagbaumes auf der Pötzer Landwehr und das Ersuchen des dortigen Schließers um Bewilligung von 2 Klaftern Brennholz.

Aus der *neueren Geschichte* ist auch noch über die Beschlagnahme eines Gebietes nördlich der Straße von Pötzen nach Welliehausen-Holtensen nach dem Zweiten Weltkrieg im Frühjahr 1946 durch die englische Militärregierung zur Anlegung eines Schieß- und Panzerübungsplatzes zu berichten. Es war sogar geplant, die Bewohner der Pötzer Landwehr zu evakuieren. Auf einem beschlagnahmten Ackerland war ein Panzergraben angelegt worden und man hatte 7 bis 10 Panzer (kampfunfähige, liegengebliebene der Deutschen Wehrmacht) zum Zerstören bereitgestellt. Vom Todtenberg aus wurden sie als Zielscheibe über die Häuser der Landwehr hinweg beschossen. Die Bewohner hielten sich zu dieser Übung in den Kellern ihrer Häuser auf. Nach etwa drei Jahren wurde die Panzereinheit abrufen, die Panzer wurden verschrottet. Erst ab 1956 konnte das beschlagnahmte Land wieder bewirtschaftet werden.

Oberhalb der Pötzer Landwehr wurde um 1949 auch ein Segelflugplatz vom damaligen (englischen) Hamelner Stadtkommandanten eingerichtet. Es wurden eine große Wellblechhalle für sechs Flugzeuge, eine Reparaturhalle, eine Kantine und ein Schilderhaus für den Wachtposten errichtet. Der Übungsplatz ist übrigens auch als Schaumburger Knick (als ehemals natürliche Grenzbefestigung, synonym für eine Landwehr – s.o.) bekannt. Bis 1924 war diese Fläche noch bewaldet, um 1933 wurde sie in Ackerland umgewandelt.

Friedel Renzel (Heimatblätter Heft 19) brichtete,, dass „auf der Pötzer Landwehr das Kolonat Nr. 13 gegründet (wurde)... Die Besitzer dieses Hofes hatten Schlüsselgewalt über den Schlagbaum, mussten Zoll erheben und in unruhigen Zeiten auch Wache schieben. Dafür brauchten sie nicht den Zehnten zu zahlen."

Zu Besuch
Die sehenswerten und im Verzeichnis der Baudenkmale aufgeführten Häuser befinden sich überwiegend in der *Alten Berliner Heerstraße* – mit Hausnummern zwischen 31 und 58.

Die Aufzählung in diesem Verzeichnis beginnt mit dem *Kriegerdenkmal (*„*Stumpfer Obelisk mit Adler auf Stufenpostament f. den 1. Weltkrieg, halbrunde Mauer dahiner für den 2. Weltkrieg"* – als „künstlerisch" charakteristiert) und mit der *Brücke* (über den Pötzer Bach) als „*Straßenbrücke mit 1 Tonnengewölbe aus Natursteinquadern. Brüstung einseitig erhalten. Um 1900."* beschrieben.

Die genannten Gebäude, sowohl Wohnhäuser als auch Wirtschaftsgebäude bzw. Scheunen, sind überwiegend in Ziegelbauweise ausgeführt. Im Unterschied zu Dörfern mit Fachwerkbauten wird in den Dörfer, die zu Hessisch Oldendorf gehören, deutlich, dass in dieser Region zahlreiche Ton(Lehm)gruben und Ziegeleien vorhanden waren.

Als Beispiele für ein selteneres Fachwerkhaus sei hier die Nr. 44 – ein zweigeschossiger Fachwerkbau, als Vierständer von 1855 bezeichnet, und auch ein Ziegelbau vorgestellt.

Das Baudenkmal in der *Alten Berliner Heerstraße 31* wird als Wohn-/Wirtschaftsgebäude (*„Wohnteil als 2-gesch. Ziegelbau m. zeitübl. Ziegelornamentik. Wirtschaftsteil winkelförmig in Ziegel mit Quereinfahrten. ‚1896'*) beschrieben.

Das Objekt Nr. 46 besteht ebenfalls aus einem Wohnhaus (zweigeschossiger Ziegelbau *„mit reicher, zeitüblicher Ziegelornamentik. Originale Fenster erhalten. Erbaut um 1900.*) und einem Wirtschaftsgebäude (*„Quer erschlossener langer Ziegelbau. Um 1900"*) sowie einer Scheune (*„Ziegelbau mit Quereinfahrten. Um 1900"*).

Und zur Nr. 58 sind Wohnhaus (*„Gut gestalteter 2-gesch. Ziegelbau mit mittigem Quereingang v. >1902<*) und Scheune (*„Ziegelbau mit Quereinfahrt. Um 1900"*) sowie Stall (*„Ziegelbau mit Quereinfahrt an Wohnhaus angrenzend, um 1900"*) genannt.

Weitere Baudenkmale befinden sich in der Haddesser Straße 2 (Wohnhaus – *„2-stöckiger Fachwerkbau, erbaut Ende 19. Jh. Eingang flankiert von 2 polygonalen Vorbauten"*), in der Straße Zum Borberg 4 (Wohn-/Wirtschaftsgebäude, ehem. (*„2-gesch. Fachwerkbau, Vierständer v. ‚1740'."*) und in der Pötzer Landwehr 6 (Wohn-/Wirtschaftsgebäude. *„2-gesch. Ziegelbau mit seitl. Querdiele mit zeitüblicher Ziegelornamentik v. >1900<"*).

11. ROHDEN

260 Dokumente im NLA Bückeburg

1603: Freibrief für Tönnies und Gertrud Söffker zu Rohden samt allen ihren Kindern (NLA BU, L 1, Nr. 6008)
1624: Verpachtung eines Kampes bei dem Dorf Rohden durch Heinrich von Zerßen an die Einwohner des Dorfes (NLA BU, L 1, Nr. 5357
1640: Georg Weßling zu Minden gegen Hans Wente zu Rohden wegen strittigen Zinskorns (NLA BU, L 1, Nr. 8228)
1695: Gesuch der Dorfschaft Rohden, Amt Schaumburg, zur Anlegung der Papiermühle des Papier-Müllers in Arensburg auf der Gemeinheit des Dorfes (NLA BU, H 1, Nr. 401)

Als *Rothum* wird der Ort urkundlich 1015 erwähnt. Im 10. Jahrhundert entstanden bereits die am Rohdener Bach gelegenen zwei Herrenmühlen (Bannmühlen) der Grafen von Schaumburg und auf einem Plateau des Amelungsberges befand sich die *abgegangene* Höhenburg Rohden.

Als Burg *Roden* entstand sie zwischen 1130 und 1140. Die Grafen von Roden waren Gefolgsleute Herzog Heinrich des Löwen im Streit mit Kaiser Friedrich Barbarossa. 1181 kam es zu einem offenen Konflikt zwischen dem Grafen Adolf III, von Holstein-Schaumburg und Graf Konrad von Roden und zu dessen Vertreibung in den Raum Wunstorf-Limmer (s. auch im Kap. „Die Grafen von Schaumburg").

Von der Burganlage, die aus einer Vorburg und einer kleineren Hauptburg bestand, sind heute nur noch die Wall- und Grabenanlage zu erkennen. Funde – u.a. Keramik, Schlüssel, Spielsteine und eine auf das Jahr 1435 datierte Münze deuten auf eine Nutzungszeit vom 12. bis in das 15. Jahrhundert.

Die erwähnten *Mühlen* sind noch heute in der Topograhischen Karte (1:25000) von Hessisch Oldendorf (3821) als *Meyers Mühle* und *Brand(t)s Mühle* eingezeichnet. Meyers Mühle liegt direkt an der Kreisstraße 84, zu Brandts Mühle führt ein Stichweg links von der Kreisstraße kurz vor Welsede (von Rohden kommend).

Erna Kölling berichtet in ihrer Schrift „Rohden. Aus der Geschichte eines Dorfes", dass Rohden im Besitz des Klosters St. Moritz in Minden erwähnt worden sei und in einer Urkunde des Kaisers Konrad II. (990-1039) vom 15. Juli 1023 dem Kloster eine Hufe (etwa 30 Morgen) in *Rodum* bestätigt worden sei. Zu den Mühlen ist bei ihr u.a. zu lesen, dass ein Hermann von Lerbeck die im 12. Jahrhundert erwähnte Mühle an das Moritzkloster verkauft habe. Möglicherweise ist dieser von Lerbeck ein Vorfahre des Chronisten Hermann von Lerbeck (um 1345 bis um 1410). 1958 endete die Mühlengeschichte mit der Einstellung des Betriebes in der Mittelmühle.

Im Niedersächsischen Landesarchiv Bückeburg ist ein Dokument aus dem Jahr 1928 unter dem Titel „Genehmigung einer fahrbaren Feuerung für einen Lokomobilkessel des Dampfmühlen- und Sägewerksbesitzers Adolf Meyer in Rohden bei Hessisch Oldendorf" (Bauplan) archiviert. Einen Sohn dieser Familie (wahrscheinlich ein Enkel des genannten Adolf Meyer) kannte ich in meiner Schulzeit in Rinteln.

Fr. Kölling berichtete in seinem Beitrag über „Unsere Papiermühlen und ihre Meister" (Schaumburger Heimatblätter 1962, S. 21-26) u.a. auch über die „Papiermacher der Rohdener Papiermühle" (s. auch unter Zersen):

Die Rohdener Papiermühle wurde Ende des 17. Jahrhunderts erbaut. Zunächst pachtete sie der Arensburger Meister Becker für seinen Sohn Heinrich Christian [geb. 1688 in Steinbergen in der Arensburger Papiermühle, gest. um 1717 in Segelhorst – Lücke im Kirchenbuch]. (...) Um 1840 beschäftigte die Mühle 7 Gesellen... In dieser Zeit stellte der Rohdener Betrieb 5 Sorten Papier vom guten

Pro-Patria-Papier bis zur Makulatur her. Aber bereits 1860 hatte er die Erzeugung eingeschränkt und verarbeitete bis zur Stillegung nur noch grobe Lumpen und Altpapier zu Papptafeln in verschiedener Form und Stärke.
[Das Datum der Stilllegung gibt Fr. Kölling nicht an.]

Aus Fr. Köllings älterem Beitrag (1956) „Rohden – Dorf der Mühlen" erfahren wir noch einige interessante Details sowohl zur Dorf- als auch Mühlengeschichte.:
„Rohden wird in mittelalterlichen Urkunden verhältnismäßig wenig erwähnt. Das kommt daher, daß das ganze Dorf mit Zins und Zehnten früh in den Besitz des Klosters St. Moritz in Minden kam. Bis zur Ablösung der Reallasten im 19. Jahrhundert sind keinerlei Besitzveränderungen vorgekommen. Rohden kommt daher in dem großen schaumburgischen Lehnbuch und in den Lehnsakten des Adels nicht vor."
Kölling erwähnt auch, dass die Grafen von Ro(h)den vor 1330 bedeutende Rechte in Rohden gehabt hätten; es sei daher möglich, dass sie auch Herren der Amelungsburg gewesen wären. „Es ist auffallend, daß 1336 Graf Adolf von Schaumburg die Besitzungen des Moritzklosters in seinem Lande in Schutz nahm und dabei auf den Zehnten und drei Hufen in ,Rohden' nebst der Mühle und zwei Kotten daselbst verzichtete. Das Eigentum am Zehnten von ganz Rohden war dem Kloster 1334 übertragen worden. Es scheinen also um diese Zeit die Grafen von Roden die letzten Reste von Besitztümern und Rechten verloren zu haben."
Zu der Mühle ist bei Kölling zu lesen – als „die middeln Moelen" (Mittelmühle) wird sie offensichtlich schon in einer Urkunde von 1160-70 genannt – „Sie ist damit eine der ältesten Mühlen unseres Gebietes. (...) Diesen Namen trug sie zum Unterschiede von der oberen und der unteren Mühle... Die *Mittelmühle* war mit einem Großköterhof verbunden... Die Mühle selbst war nach dem Lagerbuch von 1617 eine freie Erbmühle und zahlte keinen Zins für

den Wasserfall. Sie ist in den Karten als Sassen- oder Meyers Mühle eingetragen. Die dritte alte Mühle am Rohdener Bach, räumlich die untere Mühle, wird ebenfalls schon im 14. Jahrhundert genannt. (...) Auf den Karten ist sie als ‚Ladagen'- oder ‚Brandtsmühle' verzeichnet. Die 1330 erwähnte ‚obere Mühle' ist heute nicht mehr vorhanden." – Jedoch ist sie durch den Flurnamen auf dem Mühlenkampe nachweisbar. Die vierte Mühle war schließlich die unter Rohdental beschriebene Papiermühle.

Und schließlich berichtet Fr. Kölling noch über die Entstehung einer weiteren, oberhalb der Mittelmühle vor 1700 entstandenen herrschaftlichen Mühle mit den Pächtern Johann Schwitzer aus Rinteln und Henrich Hohmeyer aus Hemeringen von 1696. „Diese beiden Mühlen, die ‚unterste und oberste Herrenmühle', waren eine wichtige Einnahmequelle der Landesherrschaft, zahlten doch die Pächter zusammen 30 Taler Weinkauf und 166 Taler jährlich Pacht. Zudem mußten sie 1699 200 Taler Kaution stellen. Die Pacht für beide Mühlen [Mahl- und Ölmühlen] war bereits 1750 auf 332 Taler gesteigert. Aber auch die Pächter kamen nicht zu kurz. In beiden Mühlen ‚waren zu mahlen gebannet' die Dörfer Rannenberg, Kl. Wieden, Kohlenstedt, Ahe, Ostendorf und Rosenthal. (...) Nach der Aufhebung der Bannpflicht durch Gesetz vom 30. Dezember 1837 begann der Verfall der beiden Mühlen..."

Zur Geschichte des Dorfes gehört auch die Entdeckung eines Steinkistengrabes 1929 auf dem Flurstücke Steineiche (zum Hof Nr. 10) durch den Lehrer Wilhelm Bode (wirkte von 1917 bis 1953 als Lehrer in Rohden), dessen Funde aus der Zeit von 2220 bis 1800 v. Chr. jedoch in den Wirren des Zweiten Weltkrieges verloren gingen. Eine Schule gab es in Rohden erst ab 1861; 1955/56 wurde sie erweitert. Zuvor waren die Kinder aus Rohden in Segelhorst beschult worden.

Erna Kölling berichtete auch über eine Urkunde des Bischof Wedekind I. (Bischof von 1253-1261) von Minden, in der dem Ritter

Ludwig POST (s. unter Hessisch Oldendorf) die Vogtei des Hofes „Westerrohden", die er von den Grafen von Schaumburg in Pfand hatte, und der Vogtei Osterrohden, der er vom Vogt von Berge (Hausberge) zu Lehen hatte.

Erwähnenswert – auch in der Chronik von Erna Kölling genannt – sind der Betrieb eines Kalkwerkes (mit Kalkofen) von 1929 bis 1971, mit dem Kalkstein aus dem Steinbruch in Langenfeld (s. dort) und der Bau einer zentralen Wasserversorgungsleitung (zusammen mit Oldendorf und Segelhorst) von der Ibornquelle (s. weiter unten), die von 1929 bis 1959 (? – s. Tafel weiter unten) in Betrieb war.

ROHDENTAL

Ausschnitt aus einer historischen Postkarte

Zu Rohden gehört der vor allem als Ausflugsziel bekannte Ortsteil ROHDENTAL mit seiner Weinschänke Rohdental – aber auch dem *Café Rohdeneck*, von wo der Weg durch den Wald zur Schaumburg führt. Auch mit diesen beiden Orten sind Erinnerungen an Wanderungen in meiner Jugend mit der *Einkehr* in beiden Häusern verbunden.

Über Rohdental berichtete Friedrich Kölling 1967 in seiner Broschüre in der Geschichte der Waldgaststätte u.a.:

Heinrich Adam Becker habe vor 1700 eine Mühlenkonzession erhalten – für den Betrieb einer Mühle mit Wasser aus dem starken Langenfelder Bach und der Ibornquelle. Und so habe man auch hier eine Papiermühle betrieben, die fünf Sorten Papier hergestellt habe – zuletzt aber nur noch Pappe, die an die Papierfabrik Wertheim an der Hummemündung südlich von Hameln geliefert worden sei. 1914 habe der Papiermeister Ferdinand Friedrich Adolf Steneberg (1853-1919) den Betrieb aufgegeben und sein Schwiegersohn Ludwig Kallmeyer (1879-1945) gründete eine Obstweinkellerei.

Die Gaststätte stehe auf dem massiven Kellergeschoss der alten Papiermühle.

Am Schluss seines Berichtes über „Rohden – Dorf der Mühlen", aus dem bereits zitiert wurde, stellte Fr. Kölling fest: „Wir haben gesehen, was im Raume der Rohdener Gemarkung für Wassermühlen bestanden haben. Es war nur möglich, weil reichlich Wasser vorhanden war. Bei der Anlage der Wasserleitung Rohden, Segelhorst, Hess. Oldendorf ergaben Messungen, daß die Ibornquelle allein 20 Liter Wasser in der Sekunde spendete. Dazu kommt noch der Schneegrundbach, so daß die Mühlenteiche genügend Wasser speichern konnten. Von den fünf Mühlen ist allerdings heute [1956] nur noch eine in Betrieb [Mittel- = Meyers Mühle]. Immerhin kann Rohden den Anspruch erheben, das Dorf der Mühlen [gewesen] zu sein."

Einen Sohn aus der Familie von *Meyers Mühle* kannte ich aus meinen ersten Jahren im Gymnasium Ernestinum. Mit ihm zusammen besuchte ich an einem Tag der offenen Tür auch die Redaktion und Druckerei der Schaumburger Zeit in Rinteln (um 1957/8).

Im romantischen Rohdental mit Rohdeneck (Gebäude links auf der Höhe) –
historische Ansichtskarte

WANDERUNG AUF SPURENSUCHE

Eine Wanderung durch Rohden und Rohdental bis zur Ibornquele
führt uns von Welsede aus zunächst zur Stelle der historischen
MEYERS MÜHLE.

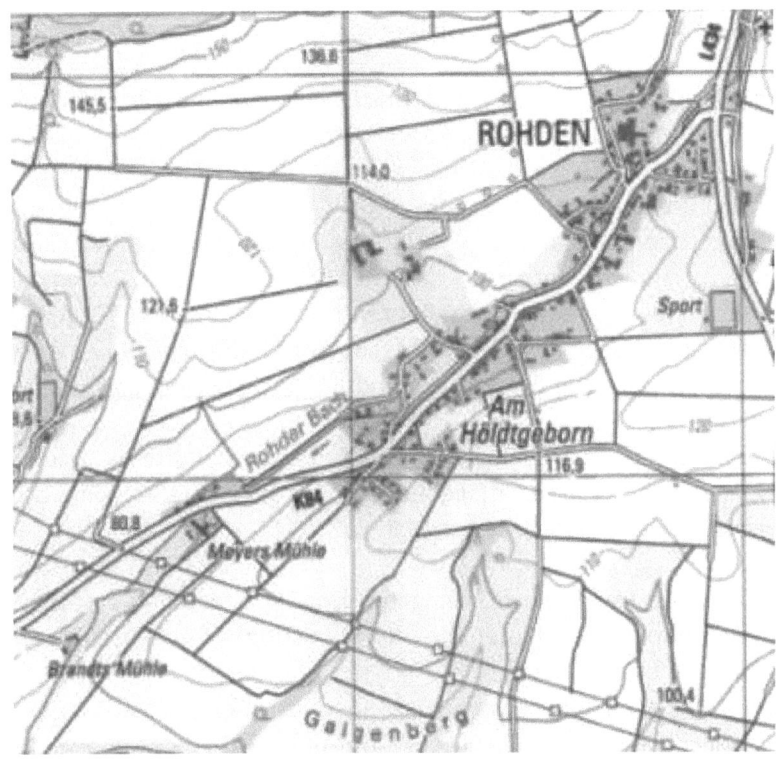

Ausschnitt aus der Topographischen Karte 1:25000 nr. 3821 Hessisch Oldendorf (Landesamt für Geoinformation und Landesvermessung Niedersachsen, 3. Auflagen, Ausgabe 2013)

[Nach meiner Erinnerung – und auch nach Auskunft einer Bewohnerin von Rohden – befand sich *Meyers Mühle* auf der anderen Seite der Landesstraße?]

Ein Gang durch Rohden bis Rohdental

Von Welsede kommend befindet sich noch vor dem Ortsschild von Rohden die als *Gut Ellerbach 4* bezeichnete Anlage.

Die *Ellerbachstraße* ist die Durchgangsstraße des Straßendorfes, die bis nach Rohdental führt.

In ihr stehen die meisten der Häuser, die im Verzeichnis der Baudenkmale genannt sind – so unter Nr. 98 (Scheune, Wohn- und Wirtschaftsgebäude (Fachwerkbauten Mitte 19. Jh.), Nr. 101 Wohn-/Wirtschaftsgebäude von 1732 (Fachwerkbau), Nr. 117 Wohn-/Wirtschaftsgebäude (Haupthaus und Leibzucht) sowie Scheune und Backhaus.

Genannt wird auch der Kalkbrennofen am Schartbrink und ein weiteres Wohn-/Wirtschaftsgebäude in der Seitenstraße Steineiche 4 (Fachwerkbau, Vierständer von 1835).

Am Dorfausgang bzw. Dorfeingang (von Rohdental aus gesehen) unterichtet eine Metalltafel über einige wichtige Einzelheiten aus der Geschichte von Rohden.

Urkundlich wurde Rohden 1015 als Rothum zum ersten Mal erwähnt. Der wasserreiche Ellerbach ermöglichte den Betrieb von 5 Wassermühlen, deren bedeutendsten die Herrenmühlen und die Papiermühle waren. Die Herrenmühlen waren Bannmühlen der Grafen von Schaumburg. Hier mußten alle Bauern zwangsweise das Korn mahlen lassen.

An der *Weinschänke Rohdental* (Restaurant und Hotel), der ehemaligen Mühle, befindet sich noch ein Wasserrad, das auch in Betrieb ist.

Das Rad wird durch das Wasser des *Rohdener Baches* angetrieben.

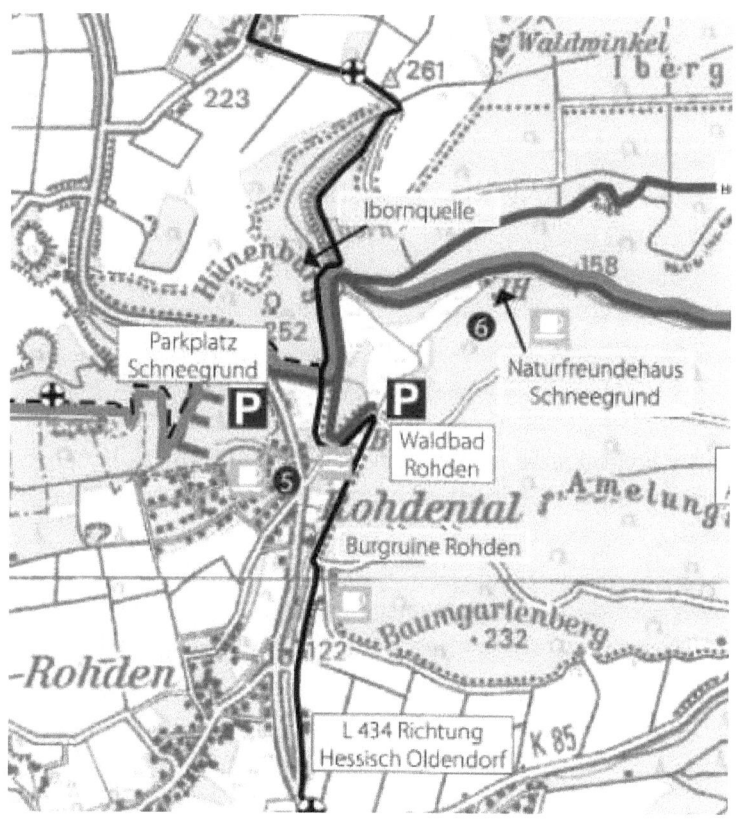

Kartenausschnitt aus dem Faltblatt „Schneegrundweg Spaziergang" Jan. 2011 (Text u. Redaktion: Stadt Hessisch Oldendorf , H. Faust) mit Ibornquelle

Eine orientierende halbquantitative Analyse des Wassers aus dem Ibornbach (Juli 2018 – Probenahme Gabriele Lingen) ergab einen pH-Wert von 8, eine Gesamthärte von 25° D, einer Carbonathärte von 12° d, einem Calciumgehalt von 200 mg/l, deutliche Konzentration an Sulfat und wenig als 2 mg/l Nitrat – die Tafel am Bach (s. fogendes Foto) berichtet Näheres:

Ibornbach und -quelle

Der Bach Iborn entspringt nur rund 200 Meter von hier aus dem Fels. Wenn Sie dem Weg rechts vom Bachlauf hinauf folgen, stehen Sie bald über seiner Quelle. Sie steht als seltenes und besonders schönes Naturdenkmal unter Schutz.

Die Ibornquelle sprudelt aus dem Jura-Kalkstein- massiv des Süntel- gebirges und ergießt sich in ein natürliches flaches Quellbecken. Bergab springt der Iborn dann über bemooste Kalk- Sinterstufen. Dieses Kalkgestein, das viele Höhlen bildet, ist in Norddeutschland selten. Man kennt es eher von den Karstgebirgen in Slowenien und Kroatien.

Der feuchte Augrund vor Ihnen ist als seltenes Biotop geschützt. Hier wachsen viele Eschen und Erlen, die auf nassen Böden besonders gut gedeihen. Weiter oben, wo der Iborn schmaler ist, säumen ihn vor allem Buchen. Von den 1930er bis in die 1990er Jahre versorgte er die Orte Rohden, Segelhorst und Welsede mit Trinkwasser. Seine Wasserqualität ist nach wie vor gut.

Der Ibornbach unterquert den Wanderweg im Schneegrund (von Rohdental kommend in Richtung Naturfreundehaus). Vor dem Eintritt des Baches in eine Verrohrung befindet sich ein kleines Betonbecken, von wo man im Wald darüber die mit Moos bewachsenen Sinterterraasen sieht.

12. SEGELHORST

397 Dokumente im NLA Bückeburg

1487: Johann Solters Quittung über empfangene 8 Rheinische Gold-Gulden wegen verkaufter 8 Morgen Land zu Segelhorst an Borchard Buschen (NLA BU, Orig. Dep. 3, Jf Nr. 3)

1542: Urkunde Graf Adolfs, Coadj., betr. Verkauf des Zehnten zu Segelhorst mit Ausschluss des Fleischzehnten, an Mstr. Heine Minste, Bürgermeister zu Stadthagen, um 300 Goldg. rh., mit Vorbehalt der Kündigung. 11.04.1542 (NLA BU, Orig. 1, Sc Nr. 278)

1551: Belassung des Hinricus Karstens, Konventual des Klosters Marienau, als Priester in Segelhorst (NLA BU, L 1, Nr. 7991)

1559: Wechselbrief Johann und Claus Posts betreffend die anlässlich ihrer Heirat mit Bartolt Soffker in Welsede an Claus Büschen übergebene Eigenbehörige Metke Ruwi aus Segelhorst (NLA BU, Dep. 6 GH, E Nr. 157)

1572: Streit zwischen Magdalena, Witwe des Claus Post, und Joachim Post betr. den Hof der Gebrüder Holdpagen in Segelhorst (NLA BU, L 1, Nr. 4939)

1612: Ausweisung von 2 ½ Morgen Land „der Scharffesieck" genannt, zwischen Oldendorf und Segelhorst gelegen, an Bernhard Nagel, Kurator der Mindischen Klostergüter zu Oldendorf (NLA BU, L 1, Nr.10305)

1640: Verhältnisse der Pfarre zu Segelhorst in den letzten Jahrzehnten (NLA BU, L 1, Nr. 7990)

Schon im MERIAN-Stich zur „Schlacht bey Oldendorp" von 1633 ist am oberen Rand *Segelhorst* mit seiner Kirche eingezeichnet.

Kirche St. Marien

Sie soll – einer Legende nach – bereits 896 vom Kloster Möllenbeck aus gegründet worden sein. Die älteste urkundliche Erwähnung stammt jedoch erst aus dem Jahr 1230. Die Kirche wurde vermutlich im 11. Jahrhundert im Stil der Romanik errichtet. Zu Beginn des 15. Jahrhunderts wurde das Gewölbe über dem Kirchenschiff durch ein Feuer zerstört und vor 1443 erneuert. Das Gewölbe über dem Altar blieb erhalten und zeigt als Schlussstein das Schaumburger Nesselblatt.

Franz Dingelstadt berichtet in seinem Buch „Das Wesertal von Münden bis Minden" (1838) über Segelhorst wie folgt:

Nördlich über Oldendorf, auf dem Fusse des Gebirges, liegt S e g e l h o r s t, bekannt durch eine blutige Schlacht, welche daselbst am 28. Juni 1633 geschlagen wurde. Um Hameln zu entsetzen, zog nämlich Graf Merode mit 15,000 Mann über Minden heran, während Herzog Georg von Braunschweig, der schwedische Heerführer von Kniphausen und der hessische General Melander im Weserthale herab ihm entgegen kamen. Bei Oldendorf stiessen beide Heere aufeinander. Aber Merode hatte auf der Fläche von Segelhorst eine so feste Stellung genommen, dass die Verbündeten zögerten, dieselbe anzugreifen. In diesem Augenblicke der Verlegenheit erbot sich der Rittmeister Kurt Meier, der früher als Schäfersknecht zu Segelhorst gedient hatte, auf ihm wohlbekannten Fusssteigen die Reiterei dem Feinde in den Rücken zu führen. Das geschah, und die Ueberraschung des von dieser Seite nach erwarteten Angriffs war so gross, dass die kaiserliche Reiterei sofort die Flucht ergriff. Darauf wurde auch das Fussvolk geworfen und ein vollständiger Sieg krönte die An-strengungen des protestantischen Heeres. Während dieses nur 60 Todte und 180 Verwundete zählte, deckten 6572 Feinde die blutige Mordstätte. An 3000 wurden zu Gefangenen gemacht und 49 Fahnen und 15 Geschütze waren erbeutet worden. Das merodesche Armee-korps war vernichtet und Merode selbst starb an den empfangenen Wunden.

Soweit diie Ausführungen von Franz Dingelstedt. Mehrere Heimatforscher, darunter vor allem Friedrich Kölling, haben sich intensiv mit der „Schlacht bei Oldendorf 1633" vor allem auch anhand des Merianstiches beschäftigt (s. Literaturverzeichnis).

Die Segelhorster Revolution 1848

Graf Otto IV. hatte 1572 eine „Holzordnung" erlassen und damit den Wald in seiner Grafschaft unter landesherrliche Aufsicht gestellt. Den Segelhorster Bauern waren jedoch die bestehenden Rechte im Wald Vieh zu hüten (Huterechte) und Holz zu schlagen bestätigt worden.

Segelhorst gehörte von 1648 bis 1866 zu Hessen-Kassel. Kurfürst Friedrich Wilhelm I. (regierte 1847-1866) war noch dem absolutistischen Herrschertum verhaftet. Er ließ durch seine Forstverwaltung auch die althergebrachten Rechte der Segelhorster Bauern einschränken, die Zäune errichten und Gräben ausheben ließen, um einen „Eichelgarten" oder „Pflanzenkamp" zu schaffen. Im Revolutionsjahr 1848 fühlten sich auch die Segelhorster ermutigt, die Zäune und sonstigen Begrenzungen der kurfürstlichen Forstverwaltung am 22. April dieses Jahres zu beseitigen, um ihr Huterecht auf dem Baumgarten durchzusetzen. Nachdem die Fürsten allgemein jedoch ihre Macht weitgehend wieder hergestellt hatten, wurden 38 Segelhorster vor dem Gericht in Rinteln am 15. August 1849 zu Geldstrafen, ersatzweise Haft, und zur Erneuerung der Zäune und Anlagen (bzw. deren Kosten) verurteilt. Die Strafen lagen zwischen 1 und 17 Talern bzw. 1 und 14 Tagen Haft. An diese Begebenheit erinnert noch heute der Straßenname *„1848er Straße"*.

Die Einwohnerzahl hat sich seit 1795 wie folgt verändert:
1795: 234 – **1823**: 275 – **1858**: 363 – **1871**: 346 – **1885**: 385 – **1905**: 428 – **1925**: 391 – **1939**: 310 – **1950**: 591 – **1961**: 537 – **1970**: 545 – **1972**: 514 – **1983**. 493 – heute: 511.

Rundgang

Mein Besuch in Segelhorst im Juli 2018 beschränkte sich auf eine Besichtigung der Kirche und des Wohnhauses in der 1848er Straße Nr.12 aus dem Jahr 1854.

Im Verzeichnis der Baudenkmale in Niedersachsen ist zur Kirche vermerkt:

„Gotische, grob verputzte Hallenkirche mit älterem Westturm"

St. Marienkirche Segelhorst in der Wolfstraße – rechts davon steht auch das ehemalige Schulhaus

Das Haus in der *1848-Straße* Nr. 12 wird als *„2-gesch. Fachwerkbau, Vierständer v. >1854<"* beschrieben.

1848er Straße Nr. 12 im Schatten eines Sonnentages

Inschrift am Haus Nr. 11 von 1834

Die abgebildete Inschrift am Haus Nr. 11 ist ein Beispiele dafür, dass einem Besucher bei einem Rundgang auch Gebäude als sehenswert auffallen, die nicht nach § 3.2 NDSchG (Niedersächsisches Denkmalschutz-Gesetz – s. Vorwort) in der Denkmalliste stehen.

Im weiteren Verlauf der *1848er Straße* befindet sich an einem großen Haus aus Ziegelsteinen (rechts der Straße) auch eine Tafel zur Geschichte der 1848-Revolution in Segelhorst:

Am Eingang des Ortes – von Rohdental kommend – informiert eine Tafel über die Ortsgeschichte von Segelhorst (mit Wappen und Fotos der Kirche und eines repräsentativen Wohhauses aus Ziegelsteinen):

SEGELHORST

Vermutlich wurde das Dorf Segelhorst **600 n. Chr.** durch die Sachsen gegründet. Eine erste urkundliche Erwähnung der Marienkirche in Segelhorst datiert aus dem Jahr **1230**. Es ist aber anzunehmen, dass ihr Bau schon etwa **1100** erfolgt.

Im Verlaufe des Dreißigjährigen Krieges (**1618-1648**) ist auch Segelhorst von den kriegerischen Ereignissen betroffen. In besonderem Maße war das bei dem als „Schlacht bei Hessisch Oldendorf" in die Geschichtsbücher eingegangenen Aufeinander-treffen eines protestantischen Heeres von Schweden, Hessen und Braunschweig-Lüneburgern mit katholisch-kaiserlichen Truppen im Jahre **1633** der Fall, bei der das Dorf stark unter den Kampfhand-lungen zu leiden hatte.

Die Schule in Segelhorst findet erstmalig **1644** eine urkundliche Erwähnung.

Während des **7-jährigen Krieges** [1756-1763] wird Segelhorst wieder durch den Krieg heimgesucht und im Jahre **1759** geplündert. Im Jahre 1848 erreicht die Revolution in Deutschland auch das Weserberg-land. Anlass der „**Segelhorster Revolution" am 22. April 1848** gegen die kurhessische Forstverwaltung war ein Streit um das „Huterecht" auf dem Baumgarten. In einem nachfolgenden Prozess stand fast das ganze Dorf vor Gericht.

Im **ersten Weltkrieg** muss Segelhorst 29 Gefallene beklagen, der **zweite Weltkrieg** löscht sogar das Leben von 37 Segelhorstern aus. Nach dem zweiten Weltkrieg steigt durch den Zuzug der Vertriebenen aus den ehemaligen deutschen Ostgebieten die Einwohnerzahl auf 591 – von 310 Einwohnern vor dem Krieg.

Im Zuge der Gebietsreform wird Segelhorst **1976** Stadtteil der Stadt Hessisch Oldendorf und damit in den Landkreis Hameln-Pyrmont eingegliedert. **1979** erfolgt der Ausbau der Umgehungsstraße und das Dorf wird an die zentrale Abwasserbeseitigung in Hessisch Oldendorf angeschlossen.

Seit **2005** führt der Pilgerweg Loccum-Volkenroda durch das Dorf.

13. WEIBECK

307 Dokumente im NLA Bückeburg

1336: Graf Adolf VII. zu Holstein-Schaumburg nimmt die in der Grafschaft Schaumburg befindlichen Güter, Renten und Zehnten des Klosters St. Mauritii zu Minden in landesherrlichen Schutz, wofür 60 Mark Bremer Silber bezahlt werden. Er entsagt zugleich seinen Rechten an dem Zehnten zu Rohden (im Amt Schaumburg) und drei Hufen daselbst wie auch an der Mühle und zwei Koten daselbst. Ferner entsagt er dem Patronatsrecht über die Kirche zu Weibke (auch im Amt Schaumburg, Weibeke) 11.11.1336 (NLA BU, Orig. 1, Fb Nr. 4)

1393: Urkunde des Kapitels St. Martini zu Minden, betr. Vergleich des Johann von Holtorpe, Propst zu St. Johannis zu Minden, mit dem Domkapitel dort über den Ankauf des Gutes zu Weibeck vom Kloster Fischbeck, Beitrag Johann Holtorpes zur Kaufsumme und Verkauf von 1/3 der dortigen Einkünfte an denselben auf Wiederkauf. 28.11.1393 (NLA BU, Orig. 1, Fb Nr.4)

1564: Streit zwischen den Bauern zu Weibeck und Tönnies von Wettberg wegen Besitzstörung, insbesondere Anlage eines Zaunes zwischen Weibeck und dem Stau (NLA BU, L 1, Nr. 5164)

1579: Von Pfarre und Küsterei zu Weibeck beanspruchte Einkünfte der Kapelle zu Barksen (NLA BU, Dep. 22, Nr. 1878)

1580: Urkunde der gräflichen Regierung, betr. Freibrief Anna Saest aus Weibeck (NLA BU, Orig. 1, J Nr. 43)

In den Mönchslisten des Klosters Corvey ist Weibeck (*Wicbeke*) 1015 erstmals urkundlich erwähnt – so u.a. „Volkmar übergibt dem Kloster Corvey für sich und seinen Sohn Volkmar 2 Hufe in *Wicbeke*".

Die *Lukaskirche* stammt aus dem Ende des 11./Anfang des 12. Jahrhundert. Sie stellt eine Wehrkirche dar und gehört zu den ältesten Kirchen im Weserbergland. Die kleine Kirche im Stil der

Romanik erhebt sich auf der Weserterrasse und wurde erstmals in einer Urkunde vom 30. April 1331 erwähnt, in der Johannes Graf von Rohden und Wunstorf (und Lauenrode, gest. 1334) dem Kloster St. Mauritius in Minden das Patronatsrecht über die Kirche in *Weybeke* überträgt.

Das *St. Mauritiuskloster* in Minden spielte für Weibeck bereits seit dem 11. Jahrhundert eine große Rolle.

St. Mauritiuskloster zu Minden

Das Benediktinerkloster wurde von Bischof Bruno von Waldeck 1042 zur Sicherung der Furt über die Weser gegründet und 1434 an das gegenüberliegende Ufer neben die Simeonskirche verlegt. Schon in den Urkunden von 1331 und 1334 – „Adolf Graf von Schaumburg verzichtet zugunsten des Klosters St. Mauritius und St. Simeon in Minden auf das Patronatsrecht der Kirche in Weibeke" – werden beide Namen zusammen genannt.

1606 erwarb Heinrich von Bardeleben die „Mühle im Wolfstal bei Krückeberg und übergab sie der Kirche St. Lukas zu Nutzen".

Das Kirchenschiff und der Turm sind aus Bruchsteinen gemauert und wurden vermutlich bereits zu Beginn des 12. Jahrhunderts als Wehrkirche für die Bewohner der damals zwölf Weibecker Höfe errichtet. Schießscharten am Turm weisen darauf hin, ebenso die günstige (erhöhte) Lage, von der aus anrückende Feinde frühzeitig entdeckt werden konnten.

Letzter katholischer und erster evangelischer Pfarrer war Gerhard Hugo (gest. 1599), der auch im Pfarrhaus wohnte. Bereits 1564 wurde die Weibecker Kirche mit der Kirche in Krückeberg zu einem Kirchenspiel (auch mit Barksen, Zersen und Wickbolsen) zusammengelegt.

Ab 1677 ist eine Küsterschule nachweisbar und bis 1910 war Lehrer- und Küsterstelle miteinander verbunden.

Vergrößerter Ausschnitt aus der Topographischen Karte

Ein Dorf-Rundgang auf Spurensuche

Mein Rundgang an einem sonnigen Tag im April 2018 beginnt an der Bus-Haltestelle der Linie 20 von Hameln kommend. Von der *Fischbecker Straße* gehe ich ein Stück zurück in Richtung Fischbeck in die *Rittergutstraße*, die eine Art von Ringstraße bildet (auf dem Kartenausschnitt am Symbol der Kirche zu erkennen) und auch zum *Rittergut Stau* führt (s.u.).

Am Beginn der Straße (noch Fischbecker Straße Nr. 30) befindet sich der Gutshof Stahlhut – mit dem Wohnhaus aus dem Jahr 1875 – *der ehemalige Meierhof Nr. 5, Fachwerkhaus von 1875 mit Walmdach* (so die Angaben auf der Tafel s. weiter unten).

In der Rittergutstraße Nr. 36 steht das sehenswerte Gebäude des Gutes Weibeck – des Hofes Nr. 3 (vor der Einführung von Straßennamen 1973). Die Besitzer sind seit 1549 bei Annemarie Meyer aufgeführt – seit 1905 im Besitz der Familie Meyer. Im Nieders. Verzeichnis der Baudenkmale ist diesen Anwesen wie folgt beschrieben:

212

„Wohnhaus 1-gesch. verputzter Massivbau mit mittigem Quereingang auf hohem Sockel v. 1842 mit Anbau Mitte 19. Jh."

Ausschnitt aus einer Ansichtskarte von 1912 des Hofes von Wilhelm Meyer
(Besitzer seit 1905)

Auf dem kurzen Weg von der Einmündung in die Fischbecker Straße komme ich an der Mauer der mächtigen Wirtschaftsgebäude mit dem turmartigen Abschluss vorbei, der auf der Postkarte links nur angedeutet ist. Der Blick in den Hof zeigt anhand der vor dem Gutshaus gelagerter Steine, dass hier offensichtlich Renovierungsarbeiten geplant sind (daher verzichte ich auf ein Foto).

Die Scheunen in der Rittergutstraße 36 werden im Verzeichnis der Baudenkmale wie folgt charakterisiert:
„Bruchsteinbau mit seitl. Längseinfahrt v. 1842" und „Bruchsteinbau, ehemals m. Längseinfahrt v. 1842".
Bevor der Rittergutstraße einen Bogen nach lrechts zur Kirche macht, steht eine Tafel mit einem Plan zum *historischen Weibeck* (hier biegt auch eine Zufahrt nach links zum Rittergut Stau ab) – die Lichtverhältnisse an diesem sehr sonnigen Apriltag erschweren ein bessere Aufnahme:

Rechts ist das Verzeichnis der 28 historischen Punkte zu sehen, das einem Besucher als hilfreiche Orientierung dienen kann. Aus ihm sind die im Folgenden genannten Gebäude in der Rittergut- und in der Fischbecker Straße entnommen – Ergänzungen durch den Autor in eckigen Klammern:

Rittergutstraße

Nr. 12: *Ehemalige „neue" Schule, erbaut 1935, heute Dorfgemeinschaftshaus*

Nr. 18: *Ehemaliges Pfarrhaus mit angebautem Wirtschaftsteil von 1790*

Nr. 19: *Ehemaliges Küster- und Schulhaus von 1827*

Nr. 25: *Fachwerkhaus aus der Mitte des 18. Jahrhunderts*

Nr. 28. *Ehemalige Gastwirtschaft Flentje – Tietge, erbaut 1782*

Nr. 29: *Ehemaliger Vollkötnerhof Nr. 8, Fachwerkhaus von 1840*

Nr. 30: *Ehemaliger Vollmeierhof Nr. 1, Vierständerhaus von 1840* <u>*Standort*</u> (der Tafel)

Nr. 31: *Ehemaliger Brinksitzerhof, Fachwerkhaus von ca. 1870* (Inschrift 1871)

Nr. 36: *Gut Weibeck, erbaut 1842 im klassizistischen Stil*

Nr. 39: *Ehemalige Hofstelle Nr. 7, Fachwerkhaus mit ältester Inschrift von 1777*

Nr. 44: *Fachwerkhaus von 1829 mit seltener Inschrift, die auf eine frühere Zugehörigkeit zum Kurfürstentum Hessen hinweist (Kurfürst Wilhelm von Hessen) – heute Café und Restaurant* [Denkmalliste: „Wohn-/Wirtschaftsgebäude, ehem., 2-gesch. Vierständer, Fachwerkbau v. >1829<"]

[**Nr. 46:** *Rauchkate* – Inschrift 1785, gegenüber von Nr. 44]

Fischbecker Straße

Nr. 1: *Ehemaliges Chausseehaus. Hier wurde bis 1866 Wegezoll für das Kurfürstentum Hessen erhoben.*

Nr. 14: *Fachwerkhaus aus dem 19. Jahrhundert*

Nr. 15: *Ziegelsteinbau von 1920 mit vorgebautem Gartenpavillon des Gasthofs „Im Goldenen Stern"*

Nr. 18: *Ziegelsteinbau um 1900, durch Mauerwerksbänder gegliedert*

Nr. 21: *Ehemaliger Gasthof „Im Goldenen Stern", Vorspannwirtschaft seit 1786*
Nr. 30: *Ehemaliger Meierhof Nr. 5, Fachwerkhaus von 1875 mit Walmdach (s.o.)*
Nr. 36: *Ehemaliger Meierhof Nr. 4, Ziegelsteinbau von 1900*
Nr. 56: *Ehemaliger Meierhof Nr. 2, zum Wohnhaus umgebaut Fachwerkscheune*

Die oben verwendeten Bezeichnungen für die ehemaligen Höfe sind wie folgt zu unterscheiden:
Ein *Vollmeier-* oder *Meierhof* (vom lat. maiores villae) war ein Bauerngehöft, das in seiner Geschichte einst von einem Verwalter (oder Meier) eines adeligen oder geistlichen Gutshofes verwaltet wurde und über einen großen Grundbesitz verfügte. Ein *Brinksitzerhof* gehörte einem Kleinbauern mit nur wenig Grundbesitz. Ein *Kötner* war ein Dorfbewohner mit eine Kate (Kotten), der in der Regel einen Hof am Dorfrand besaß.

Ich gelange nun von hier aus zur *Lukaskirche* in der Rittergutstraße.

Vor der Kirche befindet sich auch der Friedhof. Auf der Tafel *Das historische Weibeck* steht unter *12 St. Lukas-Kirche, romanische Kirche erbaut um 1100 als Eigenkirche für Weibeck.*
Im Verzeichnis der Baudenkmale des Landes Niedersachsen ist zur Kirche zu lesen:
„Rechteckige mittelalterliche Hallenkirche in Bruchsteinmauerwerk" mit geschichtlicher Bedeutung „aufgrund des Zeugnis- und Schau- wertes für Bau- und Kunstgeschichte".

Die Nr. 18 trägt das Pfarrhaus, aus Wirtschaftsteil (1-stöckiger Vierständer) und Wohnteil (2-stöckiger Querbau) bestehend, aus der Zeit um 1795.

Rittergustraße 18

In der Rittergutstraße 19 steht das Gebäude der ehemaligen Schule. Von dort zweige ich nach links in die Straße *Unter den Eichen* ab, wo mit der Nr. 18 das 2-geschossige Fachwerkhaus, ein Vierständer, aus der Zeit vor 1842 erwähnenswert ist, und gelange durch die *Hangstraße* (mit Nr. 14, dem ehemaligen Pfarrwitwenhaus von 1800) wieder auf die *Fischbecker Straße*.

Bevor ich von der Rittergutstraße jedoch abbiege, stehe ich noch vor dem *Brunnen* an der Abzweigung zum *Veilchenweg* – nach Informationen auf der Tafel *einer der ursprünglich 11 Dorfbrunnen.*

Mit den Hinweisen der Tafel „Das historische Weibeck" kann der Besucher dann auch noch die oben genannten Gebäude in der Fischbecker Straße betrachten. Diese Informationen standen mir vor meinem Besuch noch nicht, zukünftigen Besuchern nun aber zur Verfügung. Sie machen deutlich, dass ein Besuch von Weibeck auch Lohneswert ist.

Weitere von den insgesamt 28 Informationen zum *historischen Weibeck* aus dem Text der Tafel sind u.a. die Hinweise auf die *Preußische Postkutsche auf dem Weg von Berlin nach Minden*, die auch Weibeck passierte und den *Zwerg „Holzrührlein, Bonneführlein", das Rumpelstilzchen aus dem gleichnamigen Weibecker Märchen, das 1855 von Theodor Colshorn in der Sammlung „Märchen und Sagen" in Hannover veröffentlicht wurde.*

Theodor Colshorn (1821-1896) wurde als Sohn eines Lehrers und Kantors in Ribbesbüttel bei Gifhorn geboren. Nach Besuch des Lehrerseminars in Hannover wurde er 1838 (!) Lehrer in Warmbüttel, 1840 Adjunkt auf den Moorkolonien Neudorf-Platendorf bei Gifhorn, dann 1843 Lehrer in Gifhorn und 1848 in Hannover – ab 1854 an der Höheren Töchterschule, ab 1857 an der Realschule (dem späteren I.Realgymnasium). Er gab gemeinsam mit seinem Bruder die populäre Sammlung *Märchen und Sagen aus Hannover* heraus – in dieser Aussage ist das genannte (mündlich überlieferte) Märchen aus Weibeck unter der Nr. 29 auf den Seiten 88 und 89 zu finden.
Colshorn erhielt wegen seiner zahlreichen Veröffentlichungen sogar Rufe an die Universitäten Rostock, Göttingen und Utrecht. Er blieb jedoch in Hannover und ging als Oberlehrer erst 1895 in den Ruhestand. Colshorn stand im Kontakt mit bedeutenden Autoren

seiner Zeit wie Emanuel Geibel, Ludwig Uhland, den Brüdern Grimm und Hoffmann von Fallersleben.

Der Text des genannten Märchens sei anschließend mit behutsamer Anpassung an die Rechtschreibung unserer Zeit wiedergegeben:

Zwerg Holzrührlein Bonneführlein

In einem großen Walde lebten einmal ein Kuhhirt und ein Schäfer, und sie halfen einander in allen Nöten. Der Hirt aber hatte eine Tochter, der Schäfer einen Sohn, und diese Kinder waren von Jugend auf unzertrennlich, und je größer sie wurden, je lieber hatten sie sich; als sie deshalb herangewachsen waren, hielt der Schäferssohn um die Hirtentochter an, und sie wurde ihm zur Frau versprochen. Nach einiger Zeit kam zum Hirten ein hässlicher Zwerg, der bat auch um die schöne Hirtentochter und brachte deshalb für Mutter und Tochter sehr viele und kostbare Geschenke mit. Doch die Tochter mochte den Zwerg nicht leiden, weil er so hässlich war, und sie überhaupt keinen Zwerg heiraten wollte; und die Mutter konnte ihn auch nicht gut „verputzen", wenngleich sie seine Geschenke nicht ausschlug. Eines Tages kam der Zwerg wieder mit vielen kostbaren Sachen; die Mutter aber sagte: „Meine Tochter bekommt ihr doch nicht, und wenn ihr noch so viele Geschenke mitbringt"; und die Tochter setzte hinzu: „Ich will deine Geschenke nicht und dich gar nicht!" Da wurde der Zwerg sehr erbost, warf die kostbaren Sachen auf den Fußboden und erwiderte der Mutter: „So leicht ist's nicht abgemacht! Ihr habt früher meine Geschenke angenommen, und dafür will ich meinen Lohn. Morgen Mittag komme ich wieder; wenn ihr bis dahin meinen Namen wisst, behaltet ihr eure Tochter, wisst ihr ihn aber nicht, so nehm' ich sie mit Gewalt!" Damit war der Zwerg verschwunden; beim Hirten aber war große Not im Hause. – Der Schäferssohn, wenn er die Schafe im Walde hütete, hatte den Zwerg schon häufig gesehen; indes so oft er ihm auch nachgegangen war, jedesmal war er ihm aus den Augen verschwunden. An diesem Tage hütete er gerade in der Nähe einer

Höhle, und das war die Zwerghöhle. Der Schäferssohn stand auf seinen Hirtenstab gelehnt; da plötzlich kam der Zwerg wie vom Sturmwind getrieben durch den Wald gehetzt und verschwand in der Höhle. Am Eingang derselben stand eine gelbe Blume, welche der Schäferssohn schon oft bewundert hatte, weil ihre Farbe und Gestalt so ganz eigner Art war; diese Blume hatte der Zwerg erst angerührt, bevor er in die Höhle gegangen war. Weil es so laut im Berge wurde, horchte der Schäferssohn, und da hörte er denn, wie die Zwerg vernehmlich sang:

„Hier sitz' ich,
Gold schnitz' ich,
Mein Nam' ist
Holzrührlein Bonneführlein,
Wenn das die Mutter wüsst',
Behielte sie ihr Mägdelein!"

Der Schäferssohn merkte sich die Namen, da sie ihm gar zu merkwürdig vorkamen, und als er abends zu seiner Liebsten ging und von ihr den Jammer vernahm, da erzählte er alles und tröstete sie. Die Mutter wiederholte sich die Namen so lange, bis sie ihr ganz geläufig waren, und nun sahen sie der Ankunft des Zwerges ruhig entgegen. Am andern Tag um die Mittagszeit erschien er richtig, trat vor die Mutter und sagte im spöttischen Tone: „Nun, herzliebe Frau Mutter, wisst ihr meinen Namen schon?" Diese stellte sich ängstlich und erwiderte: „Ach, wie mögt ihr nur heißen? Ihr nennt euch doch wohl nicht Mäuserich?" Der Zwerg lachte und sagte: „Weit gefehlt!" Heißt ihr den vielleicht Ruppsteert?" „Wieder gefehlt!" lachte der Zwerg. „Ach, wie nennt ihr euch denn? Holzrührlein Bonneführlein heißt ihr doch gar nicht!" Augenblicklich war der Zwerg verschwunden, und man hörte und sah ihn nimmer wieder; der Schäferssohn aber bekam die Hirtentochter, und sie haben lange glücklich und zufrieden miteinander gelebt.

Gut Stau

Eine besondere Rolle spielte für Weibeck auch der Burgmannshof
Stau. 1353 taucht erstmals der Name Stoywe für das Rittergut Stau
auf. Aus diesem Namen ist abzuleiten, dass es hier schon eine frühe
Abdämmung eines Weserarmes gab. In späteren Zeiten wird das Gut
auch *Haus Stau* genannt.

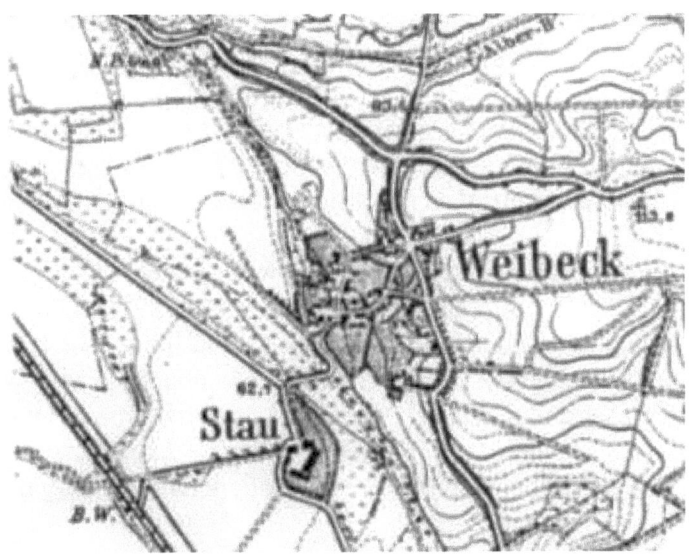

Ausschnitt aus der „Königlich-Preußischen Landesaufnahme" von 1896

Im 17. Jahrhundert war hier Jobst von Mengersen (1570-1620) Lehnherr. In Oldendorf war sein Vater Hermann von Mengerß(s)en erster Lehninhaber des Mengersen-Hofes (früher „Straße vor Mengersen Hoff", heute Schulstraße, Altersheim in den 70er Jahren des 20. Jahrhunderts) im Dienste des Grafen Otto IV. (1544-1576) ab 1559. Seinem Sohn Jobst konnte er 120 000 Taler an Gütern und Kapitalien hinterlassen. Jobst von Mengersen wurde unter Fürst Ernst (1601-1622) Landdrost(-vogt) und erweiterte seinen Besitz durch die Pfandschaft auf Gut Stau bei Weibeck. Er war Herr auf Schloss Hülsede und hatte seinen Amtssitz in Oldendorf.

1615 ließ er, weil die Äcker und Wiesen des Gutshofes oft mehrmals im Jahr überschwemmt waren, den nördlichen Weserarm am Gut Stau abdämmen. Eingaben der Stadt Oldendorf waren erfolglos und so verlor die Stadt ihre Bedeutung als Hafenstadt und Zollstation, die nach Rumbeck (s. dort) verlegt wurde.

Die zwei Arme der Weser hatten sich bei Lachem gebildet. Der von Schiffen befahrbare Hauptarm verlief nördlich des Gutes Stau, an der Südseite von Oldendorf und nördlich von Großenwieden.

In seinem Beitrag „Jobst von Mengersen vertrieb die Weser aus ihrem Bett" (Deister- u. Weser-Zeitung 9.11.1991) stellte Horst Deidert zur Mündung des Rohdener Baches in die Weser fest, dass dies ein Kuriosum sei, „denn der Bach fließt über eine Brücke über die alte Weser und dann durch die Weiden zur Coverdschen Weide in die Weser. Von der ‚alten Weser' führt heute ein Entwässerungsgraben bis zur Großenwiedener Fähre. Er gibt etwa den alten Flußverlauf wieder."

Nach einem Aquarell des Malers Carl Ludwig Alpers (um 1875)

Eine ausführliche Beschreibung der Geschichte des Gutes Stau ist in dem Buch von Marianne Meyer über Weibeck (2001) enthalten. Die Abbildung der Gutsanlage von der Nord-Ost-Seite entstand im Auftrag des damaligen Besitzers Clamor von dem Bussche-Hünnefeld – ebenso die folgende Darstellung des Herrenhauses.

Das rechteckige Herrenhaus, 1613 erbaut, wurde als dreigeschossiger Renaissancebau errichtet. Gegliedert ist das Haus durch schmale Gurtgesimse und hochformatige gekuppelte Fenster. Der Treppenturm aus Sandsteinquadern befindet sich in der Mitte des Gebäudes, ist dem Hof zugewandt und steigt über die Stockwerkshöhe hinaus, womit ein vom Wohntrakt unabhängiger Zugang zum Dachboden ermöglicht wird. Über der Tür zum Turm befindet sich eine barocke Bekrönung mit dem Wappen der Familie von Campen.

Über die Verbindung zwischen den Familien von Campen, von Münchhausen und von Mengersen erfahren wir von Marianne Meyer Folgendes:

Melchior von Campen, verheiratet mit Eva von Haxthausen, wohnte um 1600 auf dem Burgmannshof der Familie in Oldendorf. Sein bester Freund war Ludolf von Münchhausen (1570-1640), der bekannte Büchersammler und Besitzer des Rittergutes in Oldendorf, mit zweitem Wohnsitz auf Gut Remeringhausen. Als der Drost Hermann von Mengersen starb, hinterließ er einerseits fast 120 Tausend Taler an Grundbesitz und Kapitalien und zugleich auch Schuldforderungen an die Familie von Campen. Und diese Schuldforderung sollte in den folgenden Jahrzehnte zu komplizierten Besitzverhältnissen auf Gut Stau führen.

In „Deutsche Sagen und Sitten in hessischen Gauen" (Karl Lyncker, Kassel 1854, S. 68) ist über *Jost von Mengersen* zu lesen:

Oberhalb Oldendorf bei dem Gute Stau theilte sich vormals die Weser in zwei Arme, welche unter der Stadt sich wieder vereinigten. Dem >Jösteken< gefiel das nicht und er dämmte den einen Arm über Stau ab, wobei, wie Einige erzählen, der Teufel ihm geholfen haben soll. Wegen dieser Abdämmung aber kann er nicht zur Ruhe kommen. Bei neblichtem Wetter geht er nachts mit einer Laterne am Weserufer auf und ab, begleitet den späten Wanderer und führt ihn irre. Manchmal *sieht man ihn auch mit einem Andern sich schlagen, daß die hellen Funken umhersprühen.*

Im Stifte zu Fischbeck liegt dieser Jost von Mengersen, genannt >das Jösteken<, in dem Gewölbe unter der Kirche begraben und ist als Mumie noch zu sehen. Er streckt immer den einen Fuß zum Sarge hinaus, und wenn der Fuß auch hundertmal hineingelegt wird, immer kommt er wieder hervor.

Die Brücke, welche über den an Oldendorf vorbeifließenden, trocken gelegten Weserarm führte, steht noch, und scherzend hört man oft >die Brücke ohne Wasser< als Wahrzeichen von Oldendorf nennen.

Zur weiteren Geschichte dieses Gutes ist u.a. im „Steuer-Kataster des Hofes Stau von 1848" zu lesen, dass dieses Gut in früheren Zeiten im Besitz der von Mengersen gewesen und dann auf die von Campen übergegangen sei. 1685 verkaufte die Familie von Campen jedoch die verschuldeten Güter Stau und Oldendorf an Johann Heinrich von dem Bussche (1644-1689).

Die nur in Auszügen dargestellte Geschichte des Gutes Stau spiegelt wiederum die Bedeutung und auch Verbindung der genannten Adelsfamilien in dieser Weserregion. Die immer wieder genannten Namen von Adelsfamilien finden wir in fast allen heute zu Hessisch Oldendorf zählenden Dörfern in den Zeiten bis in das 18. Jahrhundert.

14. WELSEDE

383 Dokumente im NLA Bückeburg, bis 1600: 76 (auch zu Personen mit dem Namen *von Welsede*)

1384: Knappe Walter Post setzt den Brüdern Johann, Florentin und Friedrich Post für eine Schuld von 20 Mark den Eichhof zu Welsede als Notarpfand. 24.08.1384 (NLA BU, Orig. 1, H 71 Nr. 1b)

1466: Urkunde der Gebrüder Grafen Alf und Erich, betr. Schenkung von Länderei zu Welsede an den Kaland Unserer Lieben Frau zu Obernkirchen. 09.08.1466 (NLA BU, Orig. 1, Gb Nr. 6)

1484: Der Knappe Hinrich Rasehorn versetzt sein Gut zu Welsede mit Pflichtdiensten und allem Zubehör an Hinrich von Stocken und dessen Ehefrau Godeken für 25 Mark löthischen Silbers, Hamelscher Wichte und Witte, d. in vigil: Jacobi apost. Pergamen. 24.07.1484 (NLA BU, Orig. Dep. 2, Nr. 452)

1488: Urkunde der Grafen Erich und Anthonius, betr. Zuweisung des von Bartold von Mandelslo als Lehnsmann resignierten Hofes zu Welsede nach dem Tode von Joh. Segers und Hinr. Salmons an das geistliche Lehn Unserer Lieben Frau auf der Burg Stadthagen. 13-04.1488 (NLA BU, Orig. 1, Gg Nr. 6)

Der Ort wird als altgermanische Siedlungsstelle bezeichnet. Urkundlich wurde er jedoch erst 1238 erwähnt und *Welsethe* geschrieben.

Vermutlich bedeutet der Name „Ansiedlung am quellenden Wasser", wie auch die Deutung für den Ort Welsede bei Bad Pyrmont lautet.

In seinem Beitrag „Welsede. Die Höfe und ihre Bauern" (1938) berichtete Friedrich Kölling über ein Lehnsregister des Grafen Otto von Schaumburg (1370-1404), „in dem drei Lehen in Welsede genannt werden." Und er bemerkte zunächst: „Im frühen Mittelalter war der Landesfürst Herr des Grunds und Bodens. Die Bauern hatten für das Ackerland ihres Hofes an ihn einen festen Landzins, in Korn bestehend, abzuliefern. Diesen Landzins benutzte vielfach der Landesherr als Besoldung für die ihm dienenden Ritter. So faßte er mehrere Höfe zu einem ‚Lehen' zusammen und belehnte damit die Adelsgeschlechter, die ihm als Gefolgsleute dienten."

Als Namen nannte Kölling als ersten Volquin von Welzede: „Dieser Volquin scheint einer der letzten derer von Welsede gewesen zu sein, denn später wird keiner mehr genannt. Das Lehen befindet sich nachher im Besitz der Familie von Post. (...) Das zweite Lehen hatte Hinrich von Bardeleben." – Die Familie von Bardeleben ist in späteren Zeiten auch mit einer Linie der Familie von Münchhausen verbunden. Dieses Lehen fiel später wieder an das Haus Schaumburg und wurde dann als „Kanzlerlehen" (Nr. 3) „und als Lehen ‚Jacobi zu Schaumburg' der zweiten Pfarre in Stadthagen überwiesen. Der dritte Lehnsträger Hermann Wilde hatte 3 Hufen Land in Welsede, (...), mit dem später die von Bardeleben in Krückeberg und um 1600 die von Zersen belehnt wurden.

Kölling nennt auch weitere Lehnsträger – so das Kloster Möllenbeck (1443 von Graf Otto bestätigt), die Familie von Büschen in Oldendorf (Hof Nr. 2), die 1354 einen Altar in Oldendorf stifteten (aus dem Lehen von Hof Nr. 7). Und zum Hof Nr. 2 ist zu lesen: „Der Hof wurde später dem zweiten Pfarrer zu Oldendorf zur Besoldung überwiesen. Nach dem Tode von Clawes [Claus von] Büschen erbte den Hof Nr. 2 sein Schwiegersohn Börries von Münchhausen."

Aus dem Lehen von Hof Nr. 5 stifteten Johann Post und sein Sohn Justatius 1377 einen weiteren Altar in Oldendorf.

Weitere Lehen gingen an die Grafen von Driburg und an das Kloster Abdinghof.

Mit dem Hof Nr. 1 ist seit 1644 der Name *Böhne* verbunden – durch Johann Böhne aus Gnadensen bei Bückeburg; mit dem Hof Nr. 3 ab 1823 Friedrich Gerhard Böhne.

Der Dorfkern vermittelt heute noch ein gutes Bild von der ursprünglichen Siedlung.

In Welsede befand sich auch eine schaumburgische Richtstätte, auf der noch 1740 ein „Kindsmörderin" hingerichtet wurde.

Zur Entwicklung der Einwohnerzahlen
1795: 312 – **1823**: 379 – **1858**: 452 – **1871**: 493 – **1885**. 505 – **1905**: 549 – **1925**: 557 – **1939**: 517 – **1950**: 1011 – **1961**: 691 – **1970**: 629 – **1972**: 613 – **1983**: 624 – **2014**: 515.

In der aktuellen Denkmalliste des Landes Niedersachsen sind nur das Wohn-/Wirtschaftsgebäude in der Eichstraße 18, als „2-gesch.-Fachwerkbau, Vierständer v. >1842< (...) mit geschichtliche(r) Bedeutung aufgrund des Zeugnis- und Schauwertes durch beispielhafte Ausprägung eines Stil und/oder Gebäudetyps" sowie das Kriegerdenkmal In der Rehre (1870/71) und ein Grenzstein aufgeführt.

Historischer Spaziergang durch das Dorf

Der folgende Ausschnitt aus der Topographischen Karte (1:25 000) von Hessisch Oldendorf (3821) zeigt in Symbolen auch das Kriegerdenkmal sowie die Kapelle im Friedhof **+** und die Siedlungen *Rehre* und *Lehmbreite* am alten Dorfkern.

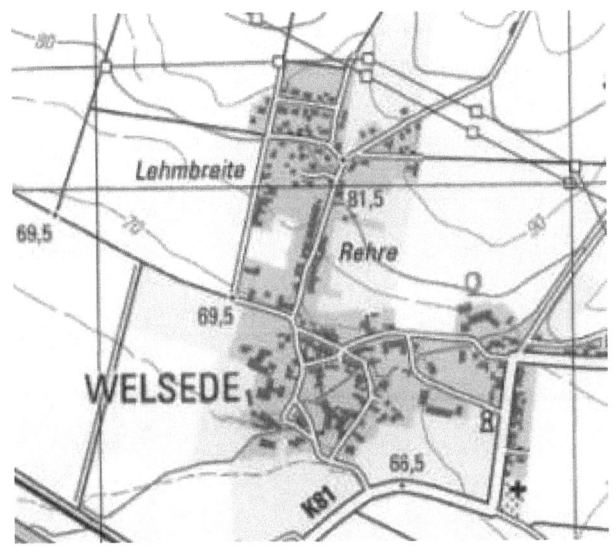

Blick vom Weg von Großenwieden nach Welsede über die Felder zur
Schaumburg (links) und Paschenburg (Mitte oben)

Von Großenwieden kommend gelange ich in die Krugstraße von Welsede. Direkt hinter der Wendeschleife für den Bus fällt eine heutige Wohnanlage auf, die früher einmal aus Hofstellen bestand. Von der Krugstraße biegt die Eichstraße nach rechts ab.

Eichstraße 18

Das Wohn-/Wirtschaftsgebäude in der Eichstraße 18 wird als *„2-gesch. Fachwerkbau, Vierständer v. 1842"* beschrieben.
Der **Eichhof** befindet sich nördlich von der Eichstraße – zwischen dem Heideweg und dem Siekweg hat die Straße auch den Namen *Auf dem Eichhof.*
In der Eichstraße (nach rechts mit Nr. 30) steht noch ein weiteres Haus aus dem Jahr 1843, das dem Besucher wegen der Inschrift über der Tür auffällt.

15. WICKBOLSEN

278 Dokumente im NLA Bückeburg

1558: Schuldforderung des Filician Clare gegen Bruen Buddensyck zu Wickbolsen (NLA BU, L 1, Nr. 8656)
1570: Anspruch des Cordt Ulenbecker zu Bakede (Bahedke) auf den Hof des Hermen Clages zu Wickbolsen (NLA BU, L 1, Nr. 6112)
1635: Untersuchung gegen die Ehefrau des Hermann Hachmeister, Anneken Wechters aus Wickbolsen und die Ehefrau des Heinrich Wellhausen wegen Zauberei (NLA BU, L 1, Nr. 9078)

Zu Wickbolsen hatte W. Maack („Tausendjährige Sünteldörfer" 1955) nur fünf Urkunden gefunden – die erste war die Gründungsurkunde des Stfites Fischbeck vom 10. Januar 955, in der im Besitz des Stiftes vier Hufen in *Viugbaldeshusun* genannt wurden. Diese Angaben wurden in einem Schutzbrief Konrads II. (990-1039, römisch-deutscher Kaiser ab 1027) 1025 wiederholt. In einer weiteren Urkunde aus der Zeit zwischen 1055 und 1080 überträgt Bischof Egilbert von Minden (gest. 1080, Bischof seit 1055, zunächst Domscholast, Leiter der Domschule, in Bamberg sowie Kanoniker von St. Simon und Judas in Goslar) dem von seinem Vorgänger Bruno begonnenen Kloster St. Moritz auf dem Werder bei Minden aus seinem Eigentum u.a. in Wickbolsen zwei Hufen. 1387 wird in einer Fischbecker Urkunde festgelegt, „daß an den Einkünften aus dem größeren Meierhofe und einem Kötnerhofe in Wickbolsen die Presbyter des Stiftes und die Konventualinnen gleichmäßig beteiligt sein sollten." (W. Maack)

Aus Katastern und Karten leitet W. Maack ab, „daß der kleinste unter den Süntelgemeinden allem Anschein nach etwas jünger ist als die benachbarten Dörfer. Sie entstand aus dem Dorfverband Zersen heraus als Einzelhof eines Wickbold, der dem Dorfe den Namen gab, und entwickelte sich in der Folgezeit selbständig weiter."

W. Maack geht daran anschließend sehr ausführlich und im Detail auf die siedlungsgeschichtliche Entwicklung des Dorfes ein und fasst dann zusammen:

„...Wickbolsen wurde als Einzelhof eines Sachsen Wickbold oder Wickbald etwa um das Jahr 600 n. Chr. oder wenig später gegründet, und zwar vermutlich von dem älteren Zersen aus. Aus diesem Hofe entwickelten sich die Vollmeierhöfe Nr. 1 und 2, von denen der erste stets doppelt so groß war wie der zweite. (...) Jüngere Höfe wurden vom Stift Fischbeck durch Zuweisung älteren Kulturlandes, das vielleicht zu wüst gewordenen alten Höfen gehört hatte, im späten Mittelalter oder zu Beginn der Neuzeit zu vollen oder kleinen Ackernahrungen erweitert. Den jüngsten Siedlern, den Brinksitzern, wurde bis 1782 nur Gelegenheit zur Rodung von Gärten aus Gemeindebesitz gegeben...“

Wickbolsen und Zersen bilden auch noch heute eine *Jagdgenossenschaft*.

Entwicklung der Einwohnerzahlen
1795: 90 – **1823**: 109 – **1858**: 158 – **1871**: 177 – **1885**: 150 – **1905**: 141 – **1925**: 125 – **1939**: 105 – **1950**: 218 – **1961**: 132 – **1970**: 130 – **1972**: 117 – **1983**: 117 - heute: 88.

Zu Besuch im Bärengrund von Wickbolsen
Die im Verzeichnis der Baudenkmale genannten Häuser stehen in der Straße *Zum Bärengrund*.
Nr. 12 als Wohn-/Wirtschaftsgebäude und ehemaliger Leibzucht, ein kleiner 2-gesch. Fachwerkbau (Vierständer) aus der Zeit um 1800
Nr. 34 als Wohn-Wirtschaftsgenäude (2-gesch. Fachwerkbaua und die dazugehörige Scheune aus der ersten Hälfte bzw. der Mitte des 19. Jahrhunderts.

Im Bärenrgund Nr. 12

Das abgebildete Haus wird in der Denkmalliste als Wohn- und Wirtschaftsgebäude und kleiner zweigeschossiger Fachwerkbau, Vierständer aus der Zeit um 1800 bezeichnet.

Die Straße *Zum Bärengrund* ist auch die Hauptstraße des kleinen Straßendorfes Wickbolsen, an der sich die beiden Bushaltestellen (Bus 23) Unter- und Oberdorf (von Fischbeck, Paschenburg bzw. Hessisch Oldendorf aus) sowie auch die beiden noch heute bestehenden Landwirtschaftsbetriebe Wilhelm Meier und Wilhelm Beißner befinden.

233

16. ZERSEN

611 Dokumente im NL Bückeburg (überwiegend zur Familie von Zers(s)en)

1514: Urkunde des Grafen Anton, betr. Vergleich mit den Buschen wegen deren Forderung an Mastgeld und Holzwahr aus den Holzungen und Bergen Oberhalb Zersen und Barksen (Gräf. Lehn).... 20.3.1514 (NLA BU, Orig. 1, Na Nr. 4)

1529: Verzicht der von dem Busche auf Holzgrafschaft und jegliche Holzrechte oberhalb Barksen (Barhhausen) und Zersen sowie im Viehr und Rumbecker Berg zu Gunsten des Grafen Jobst zu Holstein-Schaumburg (NLA BU, L 1, Nr. 10252)

1551: Graf Otto von Holstein-Schaumburg bestätigt, von der Mutter und dem ganzen Konvent des Klosters in der Stadt Oldendorf 120 rheinische Goldgulden empfangen zu haben gegen Verpfändung einer Mühle zwischen den Dörfern Krückeberg (Krückebarge) und Zersen (Certzen) auf 30 Jahre. Ankündigung von Siegel und Handzeichen des Ausstellers. Kopie 16. Jh., Papier gefalteter Bogen 21x33 cm (nr. 28), dgl. (Nr. 28a), mndt. 29.09.1551 (NLA BU, Orig. Dep. 59, Nr. 28 und 28 a)

1572-73: Streit der Witwe des Levin von Zerßen, Anna Warpup, mit Joachim Post wegen Henneke Küsters Hof zu Exten und Curd Meiers Hof zu Zersen (NLA BU, L 1, Nr. 5296)

1612: Bürgermeister und Rat zu Oldendorf an Ludolf von Münchhausen wegen des Zuschlags über Zersen (NLA BU, Gep. 6, GH O, Nr. 13)

1625-1631: Suppliken der Einwohner von Zersen wegen Kriegsschäden und Kontribution (NLA BU, L 1, Nr. 6115)

1637: Bericht an den Oberförster Just Meyer über Fallholz und Sturmschäden im Zerser Revier (NLA BU, L 1, Nr. 10295)

1638: Befreiung des Wildschützen Claus Witte zu Zersen von der Kontribution (NLA BU, L 1, Nr. 6232)

In einer Fischbecker Urkunde von 1387 (s. auch zu Wickbolsen) ist im Lehensregister die Familie v. Zers(s)en als schaumburgischer Lehensträger aufgeführt. Sie hatten u.a. den „Molenhof" mit drei Hufen und drei Kotten mit dem dazugehörigen Land. 1561 besaßen die v. Zersen hier zwei Höfe (mit je 2 Hufen), einen Großkötnerhof und zwei Kleinkötnerhöfe, deren Land insgesamt vier Hufen (Fränkische Landhufe mit 12 Hektar oder 48 Morgen) und 26 Morgen umfasste.

Die älteste urkundliche Erwähnung eines *Cersne* stammt aus dem Jahr 1240.

Walter Maack berichtete in einem Beitrag 1956:
Der Sattelhof der v. Zersen in Zersen

u.a.:

Aus Urkunden und Akten erfahren wir über die Zerser Höfe folgendes: Im Lehenregister des Grafen Otto I. [regierte 1366 bis 1404] aus der zweiten Hälfte des 14. Jahrhunderts wird in Zersen der „Molenhof" mit drei Hufen und drei Kotten samt dazu gehörigem Land als schaumburgisches Lehen der Herren v. Zersen genannt. „Molenhof" – das kann nur „Mühlenhof" sein. Der Hof hatte also eine Mühle und muß demnach am Blutbach gelegen haben. Diese Mühle ist später eingegangen; schon im 16. Jahrhundert gibt es eine Mühle im Dorfe nicht mehr.

Etwa um die gleiche Zeit hat, wie eine Urkunde aus dem Jahre 1387 meldet, das Stift Fischbeck im Dorfe drei Hufen und zwei Kotten, die es durch Lutgard von Schaumburg, Johann von Lerbeck und Johann Spange, beide Priester, erworben hat.

1561 verzeichnet das Schatzregister des Amtes Schaumburg folgende Grundherren in Zersen: Stift Fischbeck hat zwei Meierhöfe mit je zwei Hufen und zwei Kotten mit 8 und 6 Morgen, die v. Zersen haben ebenfalls zwei Meierhöfe mit je zwei Hufen und drei Kotten mit 20, 3 und 3 Morgen, der schaumburgische Kanzler Gogreve hat einen

Halbmeierhof mit einer Hufe und einen Kötnerhof mit 9 Morgen, die Pfarre Hess. Oldendorf einen Halbmeierhof mit einer Hufe, die Pfarre Weibeck einen Kötnerhof mit 16 Morgen und die Pfarre Krückeberg einen Kötnerhof mit 3 Morgen. Außerdem werden fünf landlose Brinksitzer genannt.

Die in diesem Bericht genannten Namen veranlassten mich zu Recherchen, die folgende Ergebnisse hatten:

In Cyriacus Spangenbergs „Chronicon" (der Grafen von Schaumburg-Holstein) aus dem Jahre 1614 ist unter *Anno 1265* verzeichnet, dass Graf Gerhardt I. (1232-1290, Graf von Holstein-Itzehoe) seine Tochter *Lutgard* dem Herzog Johann von Lüneburg in einer prunkvollen Hochzeit in Hamburg zur Frau gab. Johann I. (1242-1277) war ab 1269 erster Regent des neu geschaffenen Fürstentums Lüneburg, hervorgegangen aus Braunschweig-Lüneburg.
Zu Hermann *von Lerbeck* (um 1345-um 1410) berichtet die Deutsche Biographie, dass er, aus Ministerialengeschlecht stammend, sich nach dem Dorfe Lerbeck südöstlich von Minden benannt habe. Über seinen Lebensweg sei wenig bekannt, nur so viel, dass er um das Jahr 1365 in das Dominkanerkloster Sankt Pauli in Minden eingetreten und als Autor zahlreicher historischer Schriften hervorgetreten sei. Aus einer Urkunde von 1391 wird ersichtlich, dass ihn Papst Bonifax IX. zu seinem Kaplan ernannte – und dann ist zu lesen: „In (...) den folgenden Jahren verkehrte er am Hofe der Schaumburger Grafen und schloß zwischen 1400 und 1404 sein mit dem Jahre 1030 beginnendes „Chronicon comitum Schauwenburgensium" ab."
Über den *Kanzler Johann Gogreve* (nicht identisch offensichtlich mit dem gleichnamigen Kanzler von Jülich-Kleve-Berg, 1499-1554) erfahren wir folgende Einzelheiten durch Johann Piderit (1559-nach 1639) „Chronicon Comitatus Lippiae" (Rinteln 1627) – u.a. im Zusammenhang mit der Reformation:

Im Jahre 1563 war Alles soweit gediehen, daß Otto [Graf Otto IV. von Schaumburg-Holstein (1517-1576)] *eine allgemeine Kirchenvisitation anstellen konnte, bei welcher sein Kanzler GOGREVE, von dem Adel Johann von Langen, Joachim und Johann von Post, und Christian von Landsberg und von der Geistlichkeit Jacob Dammann, Gerhard POPPELBAUM, Johann Bordermann und Theodor Heidemann thätig waren.*
Und für das Jahr 1572 meldet Piderit noch die Teilnahme an einer Gerichtsverhandlung unter Herzog Erich II. von Braunschweig-Calenberg-Göttingen (1528-1584).

1551 wurde die *Bannsieksmühle* urkundlich genannt, eine der ältesten herrschaftlichen Schaumburger Bannmühlen. Mit *Mühlenzwang* bzw. *Mühlenbann* wird ein von Friedrich Barbarossa 1158 erlassenes Gesetz bezeichnet, dass die Untertanen eines Grundherrn verpflichtete, ihr Getreide ausschließlich in der Kameral-, Zwangs- oder Bannmühle mahlen zu lassen und gewährte so dem Müller über Jahrhunderte gesicherte Einkünfte. Noch heute liefert die Bannsieksmühle, am Hollenbach und an der Straße von Krückeberg nach Zersen gelegen, Energie.

Im Zusammenhang mit Zersen ist auch noch die *Papp-Mühle* zu nennen, die ebenfalls außerhalb des Dorfes am Hollenbach und am Fuße des Hohensteins (Naturschutzgebiet) liegt. Sie wurde 1841/42 zur Herstellung von Pappe und Papier errichtet und 1907 zu einem Gasthaus umgebaut mit Umbauten ab 1955 bis 1991.
In seinem Beitrag über „Unsere Papiermühlen und ihre Meister" (Schaumburger Heimatblätter, 1962, 21-26) berichtete Fr. Kölling von der Gründung erst im Jahre 1858 durch ein Mitglied der Familie Beckel, von denen ein Johann Justus Beckel zunächst als Geselle bei seinem Onkel Weitenauer in der Rohdener Papiermühle gearbeitet habe:

Im Jahre 1827 kaufte die Familie den Kotthof Nr. 12 in Zersen, wohl mit der Absicht am Zerser Bach eine neue Mühle zu errichten. Der Plan wurde aber erst 1858 mit der Verlegung der Stätte Nr 12 an den heutigen Platz durchgeführt. [s. auch unter Rohden]

Fr. Kölling gibt dann die Lebensdaten von Mitgliedern der Familie Beckel an – bis zu Heinrich Friedrich Ferdinand Beckel (1863-1899), *Pappfabrikant und Landwirt.* Nach dem Tod des zweiten Ehemannes August Friedrich Wilhelm Bode 1907 von Friederike Wilhelmine Beckel, geb. Meyer, sei die Papp-herstellung eingestellt worden und das Gebäude und die Ländereien an Heinrich Kasten aus Weibeck verkauft worden:

Dieser richtete in der alten Mühle eine Gastwirtschaft ein – [noch in den 1950er Jahre auch als *Kastens-Mühle* bezeich-net]. *Durch ihre günstige Lage unter dem Hohenstein, abseits von den Verkehrsstraßen, hat sich die „Pappmühle" zu einer Gaststätte für den Erholung suchender Städter entwickelt.*

Entwicklung der Einwohnerzahlen
1795: 217 – **1823**: 240 – **1858**: 233 – **1871**: 271 – **1885**. 259 – **1905**: 283 – **1925**: 277 – **1939**: 237 – **1950**. 485 – **1961**: 332 – **1970**: 275 – **1972**: 273 – **1983**: 345 – heute: 339.

In der Nähe der Pappmühle befindet sich auch das bereits zur „Blutbachquelle" bei Langenfeld genannte Wasserhäuschen der Kreuztalquelle, aus der ein großer Teil des Trinkwassers von Hessisch Oldendorf stammt.

Die Analyse („Labor für Wasseranalytik, Coppenbrügge, Stadtwerke Hessisch Oldendorf vom 27.10.2011) ergab:

pH 7,31 – Gesamthärte 16,4 °dH, Karbonathärte 13,1 °dH – Nitrat 3,4 mg/l –Calcium 102 mg/l, Magnesiuum 9,6 mg/l, Chlorid 9,0 mg/l, Sulfat 61,1 mg/l.

Und von dem Wanderparkplatz führt auch der Weg am Blutbach entlang zur *Baxmann-Quelle* und zur *Baxmannbaude* (s. unter Barksen) am Fuße des Hohenstein.

Der Hohenstein am Süntel 1809
(Darstellung der Bückeburger Hofmalers Anton Wilhelm Strach (1758-1829)
– Quellenangaben zur Darstellung des Wasserfalls und der Mühle unter Langenfeld

(Umrißradierung, – „Der Hohenstein am Sundalgebirge im Schaumburgischen" – bez. *Wm Strack gezt: und gestochen 1809*)

Im Katalog zu der obigen Abbildung ist zu lesen:

Die Radierung entstand im Zusammenhang mit Stracks „Wegweiser durch die Gegend um Eilsen, mit einer petrographischen Karte,

Durchschnittsriß, Kupfern und Holzschnitt (...), Zweyte vermehrte neubearbeitete Ausgabe. Lemgo 1817".

„Strack nutzte die zweite Auflage des Buches auch, um auf einer Seite Werbung für elf seiner Graphiken zu machen. Zu einzelnen Ausflugsbeschreibungen fertigte er großformatige Umrißradierungen an, die er individuell kolorierte. So entstand das Blatt vom Hohenstein, dessen gewaltiges zerklüftetes Felsenmassiv man vom Tal aus erblickte. Im Vordergrund schlängelt sich ein Bach [Blutbach], an dem Pferde weiden. Weiterhin sind ein Grabkreuz, das man wohl als einen Hinweis auf die unwirtliche Gegend verstehen soll, und eine Wandergruppe in der rechten unteren Bildecke zu sehen."

„DIE GEWALTIGEN FELSEN DES HOHENSTEINS IM SÜNTEL"
Aus: Mein Heimatland (Rinteln 1951) S. 61 –
Textauszug nächste Seite

240

Textauszug aus „Mein Heimatland" zum Süntel:

Der Höhepunkt in der Landschaft ist der Hohenstein. An seinem Fuße eilt murmelnd der Blutbach durch ein schönes Wiesental zur Pappmühle. Den Hang bedeckt ein Gürtel von Buchenhochwald, aus dem die hellen Felsen emporsteigen. Der „Hirschsprung" bietet die beste Aussicht auf die über fünfzig Meter hohe zerklüftete Felswand. Tiefe Spalten, abgebrochene Felsvorsprünge und ein wildes Trümmerfeld am Fuß der Wand erinnern an die Alpen....

An der Nordseite des Hohensteins heißt eine breite Felsschlucht „Münchhausens Pferdestall". Hier sollen die Münchhausen aus Oldendorf während des Dreißigjährigen Krieges oft ihr Vieh in Sicherheit gebracht haben.

(Auch auf die kultische Bedeutung als Haupttheiligtum der Germanen sowie die zahlreichen Sagen zum Hohenstein wird in dem in Auszügen zitierten Text hingewiesen – u.a. auf den Fund einer gebrannten Tontafel mit Runeninschrift mit dem Namen der Frühlingsgöttin Osta.)

Blick von der Pappmühle zum Süntel mit seinen Klippen aus Korallenoolith
(Foto: Schwedt Juli 2012)

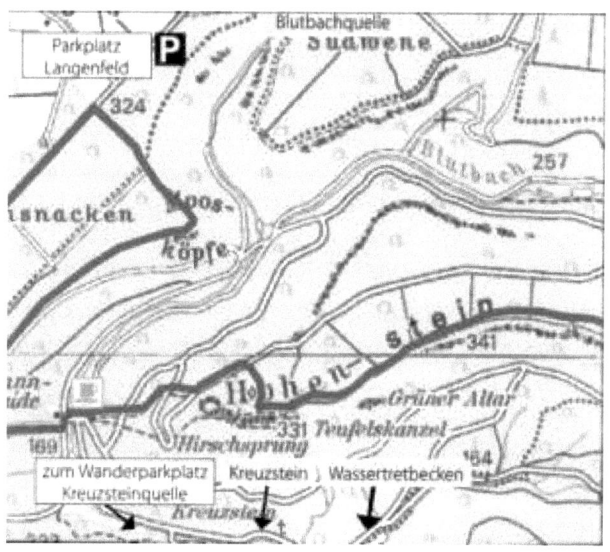

Ausschnitt aus der Karte des Flyers „Schneegrundweg" – s. Rohden u.
Langenfeld

Mit dem *Grabkreuz* ist das stark verwitterte sogenannte *Ridde-Kreuz* (auch Kreuzstein genannt) gemeint, das an den Tod eines Schaumburgischen Knechtes erinnert – etwa 150 m vom Wanderparkplatz entfernt.

„Am 8. Januar 1584 ist an dieser Stelle des Wohlgeborenen Adolf [XI.]zu Schaumburg Reisiger Knecht Hans Ridde von einem Wildschein getötet worden."

Zu Besuch

243

Der Ausschnitt aus der Tafel am Ortseingang (von Barksen kommend) zeigt die heutige Bebauung von Zersen. Die Straße von links unten ist die Kreisstraße von Krückeberg.

Historische Postkarte

Von Krückeberg aus auf der Kreisstraße kommend, an den Gebäuden der heutigen Bannsieker Mühle vorbei, gelange ich in die Straße *Am Blutbach* zum Wohnhaus mit der Nr. 26.

Es wird im Verzeichnis der Baudenkmale als *Stattlicher 2-gesch. Ziegelbau in guter zeittypischer Gestaltung mit Ziegeldekor u. Zierfachwerk v. >1911<* beschrieben.

(Eine Ziegelei gab es u.a. bei Krückeberg, die bis in der 1950er Jahre in Betrieb war.)

In der Begründung zur zitierten Beschreibung heißt es:
„...künstlerische Bedeutung als Erlebniswert für regional/überregional nicht alltäglicher künstl./handwerkl. Gestaltwerte."

Am Blutbach 26 – von der Hofseite

In zwei weiteren Straßen führt mich mein Rundgang zu ebenfall sehenswerten Gebäuden.

In der *Kneippstraße 6* steht ein zweigeschossiger Ziegelbau, mit *„gut gegliederter Fassade* und *zeitüblichem Ziegeldekor und mittigem Längseingang* von 1881 beschrieben:

Die dazugehörige Scheune ist ebenfalls ein Ziegelbau mit einer seitlichen Längseinfahrt. Der Quertrakt bildet eine Verbindung zum Wohnhaus. Sie stammt aus der Zeit um 1900.

Kneippstraße 6

Und in der Straße *Zwischen den Brücken 6* steht ein sehenswerter *„Vierständerbau, erb. >1875<, Straßengiebel z.T. im EG rechts u. links in Fachwerk erneuert. Giebeldreieck m. Ziegelbehang (Linkskremper neu), Datteldach m. neuer Hohlfalzziegeldeckung, die in voller Höhe (hinter Windfang) erhalten* (ist) – so der erläuternde Text im Verzeichnis der Baudenkmale.

Eingang zum Haus in der Straße *Zwischen den Brücken 6*

Im Verzeichnis der Baudenkmale wird außer den beschriebenen Gebäuden noch das Wohn-/Wirtschaftsgebäude *Zwischen den Brücken 2* als zweigeschossiger Fachwerkbau, als sehr später Vierständer von 1884 aufgeführt.

Ortsteile links der Weser

17. FRIEDRICHSBURG

134 Dokumente im NLA Bückeburg

1779: Feldmark und Ortslage der Kolonie Friedrichsburg. Katasterplan mit Flächenmaßen und Besitzernamen (Kopie der Landesvermessung) kolorierte Zeichnung von Landgrebe nach der Karte von Wolff M 1:1 300, 170x110 cm (NLA BU, S 1, C 171)

1780: Die Meier von Friedrichsburg und Oberhofmarschall von Münchhausen gegen die Gemeinde Heßlingen wegen Schafhute (NLA BU, Dep. 6 GH, K Nr. 62)

Zu Kloster Egest(d)orf: 39 Dokumente

1388: Johann und Friedrich Post, des verstorbenen Hugo Söhne, Knappen, bekennen, dass sie dem neuen Altar St. Barbara in der Kirche zu Egestorf (Ezekesdorpe) ihren Zehnten in Dankersen, Mindener Diözese, gestiftet haben. Ausfertigung auf Pergament. Mittelniederdeutsch. 2 Siegel der Aussteller am Pergamentpressel ab.01.05.1388 (NLA BU, Orig. F, Nr. 218)

1777: Grundriss von der Herrschaftlichen Papier Mühle zu Egesdorf samt Zubehör. (Gemeinde Friedrichsburg) Lage mit Verlauf der Wasserzufuhr; farbige Zeichnung von F. C. D. Scheller, Geometer; 1:1270, 77x31 (NLA BU, S 1, B 10320)

1777: Grundriss von der herrschaftlichen Conduct. Egsdorf samt der Mahl-Mühle daselbst. Ortslage des ehemaligen Klosters Egesdorf (heute Gemeinde Friedrichsburg); Grundriss der Hofanlage, Mühle und Gewässer. Farbige Zeichnung von Friedrich Christian Dietrich Scheller, Landmesser, 1:1270; 66x45 (NLA BU, S 1, B 10319)

Zur Bestandsgeschichte der Urkunden vom Stift Egestorf (1298-1560) ist zu lesen: *„Das Augustinerinnenstift Egestorf wurde um 1298 gegründet. Um 1425 wurde es nach Hemeringen verlegt. Auf Antrag von Graf Adolf IX. wurde es 1468 vom Mindener Bischof dem Kloster Rinteln inkorporiert. Verlegung und Inkorporation sind vermutlich wieder zurückgenommen worden. 1559 wurde das Stift aufgehoben und zu einem Klosteramt umgewidmet. Die Einkünfte fielen an die Universität Rinteln. Der Stiftsgrund und –boden wurde 1778 parzelliert und darauf das Dorf Friedrichsburg errichtet. – Die Urkunden waren seit der Aufhebung des Stifts Teil des Schaumburger Samtarchivs (Orig. 1). Sie hatten zunächst die Bestandssignatur Orig. 1 A, wurden bei der Neuordnung 1955 jedoch als eigener Bestand Orig. 20 aufgestellt. Ein Teil der Urkunden ist im Fürstlichen Hausarchiv (Orig. F) überliefert."*

Friedrichsburg ist heute ein Ortsteil der Ortschaft Sonnenthal, nach der Gebietsreform von 1973 zu Hessisch Oldendorf zählend.

Gegründet wurde der Ort von Landgraf Friedrich II. von Hessen-Kassel (1720-1785, Landgraf ab 1760) im Jahr 1778 durch die Zusammenlegung des Klosters Egestorf (1298-1560) und der Domäne Egestorf. Das Kloster der Augustinerinnen war 1560 abgebrannt und wurde auch infolge der Reformation nicht wieder aufgebaut. Ab 1761 ließ Landgraf Friedrich mit dem Ausbau der Domäne Egestorf beginnen. Daraus entstand das Dorf Friedrichburg, das wie auch Friedrichshagen nach ihm als Gründer seinen Namen hat.
Landgraf Friedrich war der erste Fürst der Aufklärung in Hessen-Kassel, trat jedoch als einziger Landgraf in Hessen zum katholischen Glauben über und wurde unrühmlich durch seine Soldaten-vermietung im amerikanischen Unabhängigkeitskrieg bekannt.

Gerhard Bruns schrieb in seinem Beitrag „Die Gründung der Friedrichsdörfer – Zu den historischen Hintergründen der Entstehung von Friedrichshagen und Friedrichsburg" (s. Literatur) u.a.:

„Friedrich II. brauchte (...) unbedingt neue Untertanen, und er erließ daher mehrere Auswanderungsverbote und lockte durch finanzielle und rechtliche Vergünstigungen erfolgreich Einwanderer an. So stieg trotz der relativ hohen Verluste durch die Vermietung von Soldaten die Einwohnerzahl von Hessen-Kassel allein von 1773 bis 1781 um 41223, nämlich von 341574 auf 382797.

Zu dieser Innenpolitik gehörte auch ein Siedlungsprgramm, durch das Ödland und andere wenig genutzte Flächen durch Siedler besetzt und intensiver genutzt werden sollten. Etwa 250 Familien meldeten sich dafür bis zum 4.11.1777, 168 Familien wurden von der hessischen Regierung akzeptiert, und 16 Dörfer wurden zwischen 1776 und 1778 gegründet.

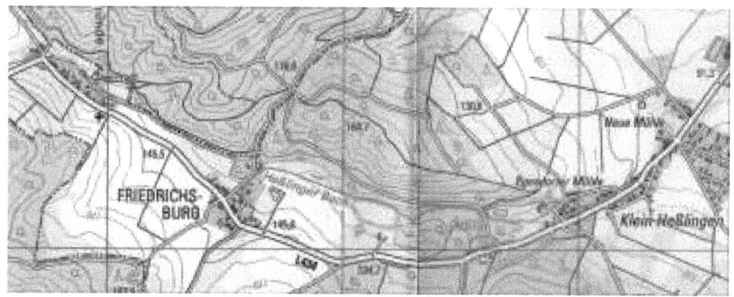

Ausschnitt aus der Topographischen Karte 3821 Hessisch Oldendorf
(Landesamt für Geoinformation und Landesvermessung Niedersachsen – 3.
Auf. 2016)

G. Bruns schrieb außerdem, dass Landgraf Friedrich II. am 11.7.1778 auf seinem Schloß Weißenstein (Wilhelmshöhe) verfügte, dass die neue Dorfschaft Friedrichsburg genannt werden solle.

„In den Jahren 1778/79 erfolgte der Aufbau des Dorfes. Die vier Vollmeier, der Krüger und der Müller erhielten die Gebäude der Domäne, für die sechs Brinksitzer wurden im Oberdorf neue Häuser erbaut."

Das Dorf besteht aus Unter- und Oberdorf, die einen Kilometer voneinander entfernt sind. Es liegt von Bergen umgeben auf einer Höhe von etwa 145 m ü.NN.

Im Zusammenhang mit der Vorstellung einer Urkunde von Papst Martin V. für das Augustinerinnenstift Egestorf (im Staatsarchiv Bückeburg – Dezember 2012) wird auch über die Vorgeschichte des Dorfes berichtet (s. auch oben zur „Bestandsgeschichte der Urkunden").

Egestorf wurde vermutlich 1298 mit Unterstützung des Bischofs Ludolf von Minden und des Grafen Adolf VI. von Holstein-Schaumburg auf dem Gebiet des heutigen Friedrichsburg gegründet.

In der Urkunde – ein *Hanfschnurbrief* – vom 6. Juni 1426 – bittet der Egestorfer Konvent den Bischof Wulbrand von Minden mit der Untersuchung von Besitzstörungen durch bewaffnete Räuber und auch um eine Entscheidung des Gesuchs der Chorfrauen, das Egestorfer Stift nach Hemeringen zu verlegen – in das besser erschlossene Wesertal und an die dortige Pfarrkirche (s. dazu die noch heute abgeschlossene Lage auf dem Ausschnitt der topographischen Karte). Der Hemeringer Pfarrer Johannes Volmersen sei sogar bereit, auf seine Pfarrstelle und die damit verbundenen Einnahmen zu verzichten.

1427 wurde die Pfarrkirche tatsächlich vom Bischof dem Stift inkorporiert und das Stift nach Hemeringen verlegt (s. dort). Jedoch nach 1468 kehrten die Augustinerinnen auf Druck der Holstein-Schaumburger Grafen nach Egestorf zurück und bereits 1555 wurde das Kloster durch einen verheerenden Brand zerstört und 1559 durch Graf Otto IV. von Holstein-Schaumburg aufgehoben.

Der Stiftsbesitz diente dann zum Aufbau der Domäne, womit 1621 dann die Universität Rinteln ausgestattet wurde.

Entwicklung der Einwohnerzahlen
1795: 81 – **1823**: 106 – **1858**: 129 – **1871**: 119 – **1885**: 118 – **1905**: 109 – **1925**: 114 – **1939**: 101 – **1950**: 212 – **1961**: 156 – **1970**: 138 – **1972**: 136 – **1983**: 159 – heute: 145.

Als Baudenkmale sind verzeichnet:
Friedrichsburger Straße 7:
Wohnwirtschaftsgebäude, 2-geschossiger Fachwerkbau, Vierständer mit Mittellängsdiele um 1850 erbaut
Friedrichsburger Straße 86:
Wohnwirtschaftsgebäude, 2-geschossiger Fachwerkbau mit Querdiele von 1876
Beide Gebäude werden in der niedersächsischen Denkmalliste aufgeführt.

18. FRIEDRICHSHAGEN

Der Ort ist wie Friedrichsburg (und Friedrichswald) eine Neugründung des Landgrafen Friedrich II. von Hessen-Kassel aus der Zeit von 1770 bis 1780.
(Im NLA Bückeburg sind zu Friedrichshagen keine Dokumente vorhanden.)

Er liegt am Fuße der Ausläufer des Lippischen Berglandes. Darüber ist in „Mein Heimatland" (1951) zu lesen:
„Im Raume zwischen Exten und Friedrichsburg liegt, bei Hohenrode und Rumbeck bis an die Weser herantretend, ein großes Bergmassiv, das im Mittelalter der ‚Taubenberger Wald' genannt wurde. Heute heißt nur der am weitesten westlich liegende Teil Taubenberg (300 Meter), während die höchste Erhebung Rumbecker Berg (340 Meter) und das östliche Ende Bohrberg genannt wird. (...) Das ganze Gebiet ist mit prachtvollem Hochwald bedeckt; nur in wenigen schmalen Tälern und an den Hängen des Extertales hat der Wald dem Kulturland weichen müssen."

In seinem Beitrag „Von der Domäne Egestorf zum Dorf Friedrichsburg (1647-1778)" von Gerhard Bruns in der „Schaumburger Heimat" (1983) (Auszug aus seiner Dorfchronik – s. Literaturverzeichnis) sind auch allgemeine Angaben zur Gründung der *Friedrichsdörfer* enthalten, die somit auch Friedrichshagen betreffen. Bruns stellt fest, dass mit der Herrschaft von Friedrich II. von Hessen-Kassel (1760-1785) eine neue Epoche für die Region (nicht nur für die Geschichte der Domäne Egestorf – s. unter Friedrichsburg) begann. Bruns schrieb:
„Dieser Fürst ist besonders durch die Verpachtung oder Vermietung von Soldaten unrühmlich bekannt geworden. Während des Unabhängigkeitskrieges der amerikanischen Kolonisten (1776-1783) stellte er den Engländern zwei Divisionen (...) zur Verfügung. (...)

Friedrich II. verwendete die von den Engländern erhaltenen Gelder nicht nur für rauschende Feste, teure Damenbekanntschaften und nutzlose Prachtbauten, sondern er bemühte sich auch, die Wirtschaft seines Landes zu fördern und die Bevölkerungszahl zu erhöhen."

Zu seiner Innenpolitik gehörte auch ein Siedlungsprogramm – insgesamt wurden von der hessischen Regierung zwischen 1776 und 1778 16 Dörfer gegründet, nachdem von 250 interessierten Familien 168 für eine Ansiedlung auf Ödland oder anderen wenig genutzten Flächen ausgewählt worden waren.

Und dazu gehörte auch Friedrichshagen. Der Zusatz *Hagen* ist eine seit dem Mittelalter gebräuchliche Bezeichnung für eine langgestreckte Siedlung, die parallel zu einem Bach, hier dem *Üsergrundbach* verläuft. In einer solchen Siedlung wurde die Seite nur einseitig bebaut und auf der gegenüberliegenden Seite befanden sich die zu den Höfen gehörenden handtuchförmigen Ackerflächen. Hagenhufensiedlungen sind eine planmäßige Siedlungsform des Hochmittelalters. *Hagen* kommt von Hege, denn nach dem Hagenrecht hatte der Siedler das Recht auf eine Einhegung des zur Nutzung erhaltenen Grunds und Bodens. Solche Siedlungen findet man vor allem im Weserbergland bis hin zum Lipperland.

Im Unterschied zu Friedrichsburg (in einem Tal zwischen den Bergen) liegt Friedrichshagen vor den Bergen und hat heute eine wesentlich größere Ausdehnung erhalten als das zur Zeit der Gründung zunächst bedeutendere Friedrichsburg am Heßlinger Bach. (Friedrichswald gehört heute zu Rinteln.)

Entwicklung der Einwohnerzahlen
1795: 117 – **1823**: 170 – **1858**: 214 – **1871**: 206 – **1885**: 180 – **1905**: 206 – **1925**: 201 – **1939**: 208 – **1950**: 423 – **1961**: 315 – **1970**: 326 – **1972**: 362 – **1983**: 429 – heute: 421.

Baudenkmale sind nicht registriert.

19. FUHLEN

18 Dokumente im NLA Bückeburg

1438: Frau Melfeld von Waldeck, Äbtissin zu Herford, belehnt auf Bitten des Johann Post dessen Frau Lukke Dume zur Leibzucht mit dem Gute, das Johann vom Stift zu lehn trägt, nämlich mit 2 Hufen und 1 Meierhof im Amt Fuhlen vor Oldendorf. 28.01.1438 (NLA BU, Orig. 1, H 71 Nr. 11)

1452: Gert von Staffhorst und seine Ehefrau Hille verkaufen eine jährliche Kornrente aus ihrem Hof zu Fuhlen auf Wiederkauf an das Stift Hemeringen. Schrift stark zerstört, Inhalt nicht erkennbar. Rückvermerk der van Emmeren bref up VIII molder korns the Fuhlen (Vuwelen) (NLA BU, Orig. 20, Nr. 34)

1482: Urkunde der Anna von Honaltstein, Äbtissin zu Herford, betr. lehnsherrliche Bestätigung des Verkaufs einer jährlichen Rente von 8 Maltern Korn aus dem Hofe zu Vüwelen (Fuhlen) seitens des Gert von Staffhorst an die geistliche Jungfrau Arnelen von Ermpern für 40 rheinische Gulden. 11.10.1482 (NLA BU, Orig 1, H 95 Nr. 1)

1556: Vergleich zwischen Werner Post und den Alterleuten der Kirche zu Fuhlen, betr. Ländereien der Kirche zu Fuhlen (NLA BU, Orig. 1, T Nr. 31)

1565: Urkunde der Äbtissin Margaretha zu Herford, betr. Konsens zur Verpfändung des Herforder Pachtlehens der „Boernhof" zu Fuhlen durch Johann Topsann an Joachim Post. 31.03.1565 (NLA BU, Orig. 1, H 71 Nr. 7)

1635: Äbtissin Magdalena zu Herford belehnt Johann Heinrich von Zersen zu Krückeberg mit Gütern zu Fuhlen und Oldendorf. 18.03.1635 (NLA BU, Orig. 1, H 115 Nr.14)

Zum Stift Herford: Ende des 8. Jh. gegründet, 823 Reichsabtei, im 12. Jh. Reichsunmittelbarkeit, Territorium um das heutige Herforder Münster, Mitglied im Rheinischen Reichsprälatenkollegium (auf Reichstagen vertreten) (Frauenkovent 1810 aufgehoben)

Vom **1. März 1703** stammt eine Urkunde im NLA Bückeburg (Orig. Dep. 28, Nr. 17), die wegen ihres interessanten Inhalts – sowohl Fuhlen als auch Oldendrf betreffend, wiederum mit Bezug auf das Stift Herford vollständig zitiert werden soll:

„Die Fürstin Charlotta Sophia, Äbtissin des Stifts Herford, belehnt Herrmann Gerhard Grinne als Bevollmächtigten des Pfarrers Christian Steding in Oldendorf und Bürgermeister Johann Conrad Bax(t)man, beide Armenprovisoren, zum Nutzen der 30 Armen in der Oldendorfer Kirche unter dem Turm mit einem Hof in Fuhlen, 3 Kotstätten mit Gebäuden und Land, auch einem Hopfengarten vor Oldendorf außerhalb des Wesertores gelegen, und zwar für einen freien Hof in Oldendorf zwischen St. Maria Magdalena und dem Hof der von Wetbergen.
Zeugen der Belehnung: Georg Christian, Freiherr Amastone, königlich schwedischer Rat, und Conrad Georg Hahn, Hofmarschall und Kapitular in Herford."

Der Name des Ortes wird von mundartlich *fiulen* (faul) abgeleitet und soll so viel wie *bei den Pfuhlen* bedeuten. Denn die ersten Siedler hätten ihre Höfe in der Nähe von Resten alter (toter) Weserarme angelegt, die zu stehenden, fauligen Gewässern geworden waren. Außerdem sei anzunehmen, dass das Dorf aufgrund seines Namens zu den ältesten Siedlungen in dieser Region zähle.

In der bedeutenden *Chronica slavorum* (Slawenchronik) von *Helmold* von Bossau (geb. um 1120 im Raum Goslar, gest. nach 1177 in Bosau/Holstein) wird im Kap. 43 vom „Hinscheiden des Priesters Ludolf" berichtet, Neffe des Bischofs Vicelin, in Hameln geboren:

Daß übrigens Vicelin in den Dienst des Herrn eingeführt wurde, darin war ihm sehr förderlich und anregend der ruhmvolle Name seines Oheims Ludolf, des Pfarrers von Feule [Fuhlen], der als Mann von größter Heiligkeit und ein großer Bekenner Christi, von denen, welche in jener Gegend ihre Sünden zu beichten und durch das Gnadenmittel der Buße den zukünftigen Zorn Gottes abzuwenden sich sehnten, häufig aufgesucht wurde...

Der zitierte Text stammt aus „Helmolds Chronik der Slaven. Nach der Ausgabe der Monumenta Germaniae übersetzt von Dr. J. C. M. Laurent (2. Aufl. , Leipzig 1894 – digitalisiert im Internet). *Helmonds Chronik*, welche die Ostsiedlung und Christianisierung der Slaven vor allem seit Otto I. beschreibt, gilt Historikern als bedeutendste Schriftquelle Niederdeutschlands des 12. Jahrhunderts. Die älteste Ausgabe stammt aus dem Jahr 1556.

Vicelin (Hameln um 1090 bis 1154 Neumünster) wurde Bischof von Oldenburg in Holstein und Missionar der ostholsteinischen Slaven. Kirchen aus seiner Missionszeit werden noch heute Vicelin-Kirchen genannt (Feldstein oder Wehrkirchen des 12. Jahrhunderts).

Aus dem Jahre 1146 stammt ein Schutzbrief des Papstes Eugen III. (gest. 1153, Papst ab 1145) für das Kloster Abdinghof in Paderborn, in dem neben Gütern anderer Orte auch Höfe in Fuhlen erwähnt werden. So „zinsten" die Höfe Nr. 3 und Nr. 15 noch bis zur Ablösung der Abgaben um 1850 nach Paderborn. Es handelt sich bei dem Schutzbrief um eine päpstliche Bestätigungsurkunde, die sich auf eine Übertragung eines Erbguts des Bischofs Meinwerk aus dem Geschlecht der Immedinger (mit Widukind verwandt) von 1032 an das Kloster Abdinghof in Paderborn bezieht.

Steinzeitliche Siedlungsfunde lassen auf eine sehr frühe Besiedlung schließen. Die Kernhöfe entstanden wahrscheinlich in der Zeit von Karl dem Großen (742-814, ab 788 König des Fränkischen Reiches). Als historischer Kern des Ortes wird eine Lage unmittelbar am Rande des alten Flussarmes der Weser genannt, auf einem zentral gelegenen Platz, auf dem sich heute Kirche und Pfarre befinden. Um die Kirche gruppierten sich die einzelnen Höfe.

Eine Urkunde von 1320 berichtet von einem Gogericht (Thingversammlung im vorkarolingischen Sachsen, unter von Karl dem Großen eingeführten Gografen) unter dem Gogreve Ludwig von Heßlingen in *Vuwilen*.

1795 fand die erste Volkszählung auf Anordnung des landgräflich-hessischen Kommissars für Landwirtschaft statt, die für Fuhlen 414 Einwohner ergab.

Die Ziegelei

1852 wurde an Friedrich Peter eine Konzession zur Herstellung von Ziegelsteinen im Feldbrandverfahren (mit einem Kohlenmeiler) erteilt. Sohn Carl errichtete eine Tonmühle mit Göpelantrieb und einen Deutschen Ringofen zum Brennen der Ziegelsteine. Von 1897 bis 1929 war der leistungsfähige Hoffmannsche Ringofen im Einsatz.

Die Anfänge für eine SCHULE werden von Kölling/Maack auf die Zeit um 1550 datiert, als es offensichtlich einen als Lehrer geeigneten Küster in Fuhlen gab. Ein Schulgebäude neben der Kirche entstand 1860; 1957/58 wurde es umgebaut.

Die **Johannes-der-Täufer-Kirche** besteht aus Langhaus und Turm, die im romanischen Baustil in der zweiten Hälfte des 12. Jahrhunderts entstanden sind. Ab 1398 ist das Stift Fischbeck als Patronatsherr nachweisbar. Die Kirche soll aber anscheinend schon 1275 zum Stift Fischbeck gehört haben. 1559 wurde Fuhlen reformiert. Der schlanke Turmhelm wurde 1621 nach einem Blitzschlag aufgesetzt, der Chorraum erst 1740 angefügt.
(ausführliche Informationen zur Kirche unter www.kirche-fuhlen.de)

In der Ortschronik werden für das Jahr 1549/1550 in Fuhlen 34 ansässige Familien mit etwa 240 Einwohnern (nach Kölling/Maack nur 120 Personen) genannt- im Zins- und Steuerregister des Amtes Schaumburg verzeichnet. Die Höfe Nr. 1 bis 3 entwickelten sich erst durch die Einbeziehung der Fuhlener Masch zu Großhöfen. Im Dreißigjährigen Krieg verarmte auch Fuhlen infolge zahlreicher Einquartierungen. Eine erste Volkszählung im Jahr 1795 zeigte einen Anstieg der Einwohnerzahl auf 414. Nach dem Zweiten Weltkrieg stieg sie durch die Zuwanderung Vertriebener aus dem Osten auf 900 Einwohner (letzte Daten 800 Einwohner).

Das ursprünglich landwirtschaftlich geprägte Dorf hat sich im letzten halben Jahrhundert auch zu einer Wohngemeinde entwickelt bzw. erweitert.

Entwicklung der Einwohnerzahlen

1795: 414 – **1823**: 389 – **1858**: 427 – **1871**. 415 – **1885**: 371 – **1905**: 509 – **1925**: 484 – **1939**: 472 – **1950**: 933 – **1961**: 747 – **1970**: 786 – **1972**: 762 – **1983**: 784 – heute: 800.

Zu Besuch

Die meisten der Gebäude, die im Verzeichnis der Baudenkmale aufgeführt sind, befinden sich in der *Oberen* und *Unteren Brückenstraße* (zur Brücke s. im Kapitel Hessisch Oldendorf, S. 85ff).

Über die Feldwege von Heßlingen kommend beginnt der Besuch direkt an der Kirche.

Auf dem Gang durch diese beiden *Brückenstraßen* fallen die abgebildete Hofanlage bzw. das Fachwerkhaus besonders auf.

20. HEMERINGEN

400 Dokumente im NLA Bückeburg – bis 1700: 95

1310: Der Knappe Berhard Kanne v. Luhde verzichtet auf alle Rechte an einer Hufe zu Hemeringen die er von Symon edlem Herrn zur Lippe zu Lehn getragen und die das Kloster Rinteln von Sacharius von Sunneborne und seinen Brüdern, Bürgern zu Hameln gekauft hat. (...) 1310 in fest b. Katahrine (1310 Nov. 25) Beglaubigte Abschrift derselben Urkunde (NLA BU, Orig. 11, Nr. 43)

1324: Herzog Heinrich von Sachsen, Engern und Westfalen schenkt dem Stift Egestorf (Esekestorpe) eine Hufe in Hemeringen zur Ausstattung der Stiftsgründung, die bisher der Dienstmann Conrad von Brake zu Lehen innehatte (...) Ausfertigung auf Pergament, Lateinisch ... 25.02.1324 (NLA BU, Orig. 20, Nr. 8)

1325: Graf Adolf VI. zu Holstein-Schaumburg schenkt dem Kloster zu Egesdorf zwei Höfe mit 3 Hufen Land in Hemeringen samt Zubehör, welche vorher Berthold von Hesslingen zu Lehen hatte. 17.03.1325 (NLA BU, L 0, c Bd. 1, Nr. 87)

1446: Urkunde des Konvents zu Fischbeck, betr. Tausch mit dem Konvent zu Hemeringen über je eine Mühle zu Hemeringen und Heßlingen mit zugehöriger Länderei. 10.02.1446 (NLA BU, Orig. 1, Fb Nr. 8)

1446: Ludeke Post, Knappe, und seine Ehefrau Kunne stiften zu ihrem Seelenheil dem Altar der heiligen Barbara in der Kirche zu Hemeringen eine Kotstelle (Cotstede) in Hemeringen bei dem Slagesege (in der octave assumptionis Marie). Ausfertigung auf Pergament, Niederdeutsch, Schrift stark zerstört, Siegel an Pressel ab... 22.08.1446 (NLA BU, Orig. 20, Nr. 31)

1468: Albert Bischof zu Minden vereinigt auf Bitten der Grafen Adolf und Erich zu Holstein-Schaumburg das Kloster zu Hemeringen mit dem Kloster S. Marie et Jacobi zu Rinteln. Or. Perg. Lat. 2 Siegel. 06.09148 (NLA BU, Orig. 22, Nr. 125)

1536: Äbtissin Anne Gräfin zu Limburg Lehnbrief für Claus Buschen über eine Hufe Land, die große Herfordische Hufen genannt, über den Veddernhof im Dorfe und Kirchspiel Hemeringen in der Herrschaft Schaumburg auch mit der Schäferei (NLA BU, Orig. Dep. 3, C Nr. 2) – s. auch 1660

1561: Krug zu Hemeringen im Besitz von Ludeke und Rieke Potharsch (NLA BU, L 1, Nr. 5812)

1561: Bitte des Klosters Rinteln um gräfliche Unterstützung bei der Verteidigung der Ansprüche und Güter in Hemeringen (NLA BU, L 1, Nr. 3400)

1578: Entschädigungsanspruch des Hans Walthemate zu Hemeringen wegen Stillegung seiner dortigen Mühle als Folge der Errichtung der Mühle zu Heßlingen (NLA BU, L 1, Nr. 5823)

1586: Urkunde des Grafen Adolf, betr. Verleihung eines Hauses zu Hemeringen an den gräflichen Vogt Bartelt Schof daselbst, gegen Abtretung eines dem letzteren gehörigen Hauses zu Oldendorf. 01.04.1568 (NLA BU, Orig. 1, Gc Nr. 18)

1601: Gesuch des Johann Hardeland zu Hemeringen um Fortsetzung des Branntweinverkaufs (NLA BU, L 1, Nr. 5814)

1603: Verzeichnis der Einkünfte der Kirche zu Hemeringen (NLA BU, L 1, Nr. 7909)

1614: Kauf der Mühlenländerei zu Hemeringen durch Otto Soleke zu Hemeringen (NLA BU, L1 Nr. 5817)

1616: Bau einer Mühle beim heiligen Kreuz vor Hemeringen durch Tönnies Kallmeier (NLA BU, L 1, Nr. 5818)

1627: Erlaubnis für Tile Homeyer zu Hemeringen zum Salpetergraben und Pulverherstellen (NLA BU, L 1, nr. 5819)

1660: Äbtissin Elisabeth Pfalz-Gräfin Lehnbrief für Borries von Münchhausen über eine Hufe Land, die große Herfordische Hufen genannt, über den Veddernhof im Dorfe und Kirchspiel Hemeringen in der Herrschaft Schaumburg, auch mit der Schäferei (NLA BU, Orig. Dep. 3, C Nr. 13)

Im *Weserbuch. Ein erklärender Begleiter auf der Weserreise* (Hameln 1845) ist über das damals *Königlich-Hannöversche Kirchdorf* mit 90 Häusern und 676 Einwohnern zu lesen:

Ein durch das Dorf fließender Forellenbach treibt 3 Mühlen, worunter auch eine Papiermühle und eine Sägemühle. In den nahen Waldungen werden eßbare Pilze gesammelt, und größtentheils nach Hamburg verschickt. –

Der Name wird von Hemern über Ham = Wald, oder von einem Sippenführer namens Hamar, oder auch von Hem in der Bedeutung von Wohnstätte (Heim) am Wasser abgeleitet.

Im Wappen sind eine Eiche, zwei Mühlräder und Wasser als Symbole zu sehen.

Die Gründung des Dorfes wird auf die Zeit um 800 datiert – die erste urkundliche Erwähnung stammt aus dem Jahr 1145.

1151 wurde die Dorfkirche erbaut.

Hemeringen hatte eine überregionale Bedeutung – u.a. durch den Sitz eines Gau-Gerichts (Go-Gerichts) und zeitweise auch eines Klosterordens der Augustinerinnen, die zwischen 1426 und 1468 ihren Sitz von Egestorf nach Hemeringen verlegt hatten – s. unter Friedrichsburg. In Egestorf wurde das Kloster 1559 aufgehoben.

Die wirtschaftliche Bedeutung erlangte der Ort durch die bis zu sieben Mühlen am Hemeringer Bach – daher auch als „Dorf der sieben Mühlen" bezeichnet.

Zu Besuch

Vom *Kleinen Berliner Platz* (Bushaltestelle) führt die Straße nach rechts zum *Jüdischen Friedhof* hinauf (gegenüber der Schule). Am Rand des historischen Ortskern gelegen stehen dort 7 Grabsteine aus dem 19. Jahrhundert. Die Anlage ist von einer Weißdornhecke umgeben. In der anschließenden Friedrichshagener Straße ist noch die Nr. 15, ehemalige Obere Mühle, ein zweistöckiger Fachwerkbau von 1846, als Baudenkmal genannt.

Bergab, die *Hemeringer Straße* entlang, befinden sich folgende Baudenkmale:
Nr. 74: Wohnhaus, 2-stöckiger Fachwerkbau, „*leicht vorstehendes OG durch profil. Bandgesims, um 1760.*
Außerdem:
Scheune (Fachwerkbau mit seitlicher Längsdurchfahrt, um 1850); Wasserpumpe („*Brunnenpumpe aus Holz mit geschnitztem Vasenaufsatz, um 1740*);
Torpfeiler („*2 Sandsteinpylonen mit Vasenaufsatz im Rokoko v. 1786"*). – s. folgende Abbildung.

Dieser Gebäudekomplex fällt besonders auf – auch wegen der Torpfeiler und der Wasserpumpe.

Hemeringer Straße 74

Weitere Baudenkmale

Nr.59: ehem. Wohn-/Wirtschaftsgenäude, 2-geschossiger Vierständerbau von 1830.

Nr.14: ehem. Wohn-/Wirtschafstgebäude, 2-geschossiger Vierständerbau von 1766

Nr.13a: Wohnhaus (ehem. Leibzucht), 1-geschossiger Fachwerkbau von 1824.

Nr.5: Scheune, *„leicht zurückgelegene, giebelständige Längsdurchfahrtsscheune, erb. >1887<, alte Hohlpfanndeckung, Innengerüst komplett erhalten. Rückseite Dielentor dat. >1817<, rücks. Giebel ungestört."*

Nach links von der Hemeringer Straße führt die *Kirchstraße* – mit der Kirche (Nr. 30) – der Petrus und Paulus Kirchengemeinde. Sie wird als romanische Bruchsteinkirche, um 1151, mit schlankem Wehrturm von 1726, im Verzeichnis der Baudenkmale aufgeführt.

Kirche St. Petrus

Als Baudenkmal sind auch der *Kirchhof* (alte Grabsteine, Eisenkreuze, Einfriedung) die Grabstelle Friedrich Meyer aus poliertem schwarzen Granit von 1918) und das Fachwerkhaus von 1860 Kirchstraße 18 registriert.

Auf dem Gang vom *Kleinen Berliner Platz* bis zur *Hamelner Straße* fällt ein kleines Gebäude an einer Bäckerei auf, das nicht im Verzeichnis der Baudenkmale steht – als Beispiel, dass das Auge des Besuchers auch aus Sicht der Behörde nicht zu Baudenkmalen erklärte Gebäude als bemerkens- und sehenswert ansieht.

Im Verzeichnis der Baudenkmale werden noch weitere Gebäude in der *Forsthofstraße 3* (Abzweigung von der Wahrendahler Straße zwischen Gasthaus Forellental und Wahrendahl) aufgeführt: Forsthaus (1776 – Fachwerkbau mit Deckenmalerei), Laube (Hainbuchenlaube) und Scheune (Fachwerkbau mit seitlicher Längseinfahrt von 1831).

21. HESSLINGEN

368 Dokumente im NLA Bückeburg – bis 1700: 73

1318: Die Brüder Walter, Ludwig und Johannes von Zerssen resignieren dem Kloster Rinteln eine Hufe in Heßlingen, die ihr Bruder Walter dem Rutcher Ochteringehusen verkaufte, deren erbliches Eigentum er behielt. 3 Siegel der Aussteller am Pergamentpressel anhängend (Druck: Urkundenbuch des Klosters Rinteln, Nr. 88) 22.12.1318 (NLA BU, Orig. 20, Nr. 11)

1319: Graf Adolf [VII.] von Holstein-Schaumburg (Holsatia, Schowenborg) stimmt als Lehnsherr dem Verkauf eines Hofes mit 4 Hufen in Heßlingen (Heslingen) durch seinen Lehnsmann Ludolf von Heßlingen senior an das Augustinerinnenstift Egesdorf (Esekestorp) für 40 Bremische Mark und je einen Wagen Roggen und Gerste jährlich auf Lebenszeit sowie der Aufnahme der 2 Töchter seiner Tochter Alheidis ins Stift. Graf Adolf übergibt den Hof mit Zustimmung seiner Mutter Helena, seinen Brüdern Gebhard und Erich sowie seiner Schwestern Elisabeth, Helena, Luitgard und Mechthild dem Stift zu eigen.
Zeugen: Jordan, Abt von Loccum (Lucka), Rotger, Kaplan in Loccum, Ritter Johannes Buschen, Burchard von Landesberge, Gebrüder Johannes und Gebhard von Bardeleben, Bodo von Vuingen, Dienstmänner (in die Scolastica virginis) Duplikat von Nr. 5. Ausfertigung auf Pergament, Lateinisch. 2 Siegel am Pressel ab … 10.02.1319 (NLA BU, Orig. 20, Nr. 6)

1333: Graf Adolf VII. zu Holstein-Schaumburg schenkt dem Kloster zu Egestorf einen Hof zu Hesslingen, womit vorher die von Eckersten (Exten) belehnt gewesen. 19.09.1333 (NLA BU, L O, c Bd. 1 Nr. 110)

1374: Kaufbrief deren von Bardeleben an die Buschen auf einen Meierhof und Kothstätte zu Hesslingen (NLA BU, Orig. Dep. 3, Jc Nr. 2)

1375: Voigt des Stifts zu Minden Wedeking Lehnbrief für Statz Buschen über 1 Hof in Hesslingen und mit 2 Höfen (NLA BU, Orig. Dep. 3, E Nr. 1)

1516: Bestätigung des Zulaufs der Mühle des Hermann Buddensiek zu Heßlingen durch die dortige Beeke seitens des Grafen Anton zu Holstein-Schaumburg (NLA BU, L 1, Nr. 5829)

1578: Hermani confirmirter des Stiftes Minden Lehnbrief für Borries von Münchhausen über 5 Meyerhöfe und 5 Kothstättem mit 16 Hufen Land zu Hesslingen über eine Schäferei um dasselbe Revier... (NLA BU Orig. Dep. 3, E Nr. 19) – **1659** von „Churfürst zu Brandenburg Friedrich Wilhelm (...) für Otten von Münchhausen" erneuert (NLA BU Orig. Dep. 3, E Nr. 21)

1603: Gesuch des auswanderungswilligen Johann Beißener zu Heßlingen aus der gräflichen Leibeigenschaft (NLA BU, L 1, Nr. 5827)

1604: Die von den Bauermeister der Stadt Oldendorf vorgenommenen Pfändung eines Pferdes des Hans Koch aus Heßlingen beim Herrendienst für Ludolf von Münchhausen (NLA BU, Dep. 6 GH, E Nr. 49)

1615: Forderung Ludolfs von Münchhausen nach höherem Kornzins von Catharina Flake, Jost Flakens Witwe in Heßlingen (NLA BU, Dep. 6 GH, E Nr. 50)

1617: Streit wegen Ludolfs Forderung an seinen Meier in Heßlingen, Jobst Grave, mehr Kornzins zu liefern (NLA BU, Dep, 6, GH, E Nr. 51)

Urkundlich wurde Heßlingen erstmals 1269 erwähnt – verbunden mit dem Namen Gottfried von Heßlingen und Gütern „bei der Villa Heßlingen". Die kleine Kapelle soll aus dem 14. Jahrhundert stammen. Sie wude 1981/83 renoviert.

Eine Belehnungsurkunde des Edelvogtes Widukind von Berge für die Brüder Büschen aus dem Jahr 1375 betrifft „den Hof zu Heßlingen".

Schon früher waren die von Zerssen in Heßlingen begütert – zur Zeit von Graf Otto von Schaumburg, in der zweiten Hälfte des 14. Jahrhunderts.
(s. auch in den Dokumenten des NLA Bückeburg)
Am 14. September 1559 erfolgte der Übertritt zum lutherischen Glauben.
1561 gab es 31 Stellen mit Land (980 Morgen Ackerland) und zwei Krämer neben der Kapelle.
(nach Angaben in C. Gotthard – s. Literatur)
Der Ort besteht wie auch Friedrichsburg aus zwei Ortsteilen – hier Heßlingen und Klein Heßlingen genannt.

Ausschnitt Karte Hannover. Nördliches Weserbergland und Südheide
1:50 000

Heßlingen hatte früher sieben Mühlen – deshalb auch als „Dorf der sieben Mühlen" bezeichnet. Sie wurden alle vom Heßlinger Bach angetrieben. Bereits 1319 wird die Mahlmühle mitten im Dorf genannt und 1579 die „Nye Mühle boven Heßlingen", dem Klostergut Egestorf zugehörig.

271

Zu Besuch

Von Rumbeck kommend beginnt die Besichtigung in der *Sonnentalstraße,* wo die Mühlenradstube an die Gesichchte der Mühlen erinnert.

Zwei Mühlen sind noch auf der Topographischen Karte genannt: *Neue Mühle* (Klein Heßlingen) und *Egesdorfer Mühle* an der Straße nach Friedrichsburg (s. auch dort).

Die *Neue Mühle* ist auch eine Station auf der *Niedersächsischen Mühlenstrasse* (Nr. 14).

Diese Wassermühle gehörte einst zum Hof Graue. Die Dorfgemeinschaft trug 1986/87 ein altes Fachwerkhaus ab und baute es an der *Sonnentalstraße* als Mühlenhaus wieder auf und die Mühle vom Hof Graue ein. Sie war 1655 mit ihrem unterschlächtigen Wasserrad vom Voigt Jürgen Meier errichtet worden. In diese Mühle heiratete 1711 ein Müller Sempf ein, der von der Höfinger Vogelsangmühle stammte.

1924 bekam die Mühle ein neues Mahlwerk. Bis in die 1960er Jahre wurde die Mühle noch für den Eigenbedarf des großen Hofes betrieben. Heute ist die *Neue Mühle* wieder eine funktionsfähige Wassermühle.

Von der Sonnentalstraße führt der Weg nach links in die *Kapellenstraße*, in der sich die Kapelle, ein mittelalterlicher gotischer Bruchsteinbau mit runder Apsis, befindet.

Vor der Kapelle steht ein Kriegerdenkmal, ein *Obelisk auf Sockel zum Andenken an 1870/71.*

Der Rückweg zur *Fuhler Straße* führt an zwei Baudenkmalen in der Sonnentalstraße vorbei:

Nr. 16 A: ehem. Wohn-/Wirtschaftsgebäude, ein zweigeschossiger Fachwerkbau mit Mittellängsdiele von 1796, mit einem Ziegel-Queranbau um 1900.

Nr.12: Hofanlage aus Wohnhaus (*2-gesch., gut gestalteter Ziegelbau. Um 1900; Scheune, Fachwerkbau mit seitl. Längsdurchfahrt, 2. H. 19. Jh., Wirtschaftsgebäude, Ziegelbau. Um 1900.*

Als weitere Baudenkmale werden Gebäude in der *Fuhler Straße* (Nr. 2 und Nr. 3) und in der *Landmannstraße* (Nr. 5) im entsprechenden Verzeichnis von Niedersachsen aufgeführt.

22. LACHEM

265 Dokumente im NLA Bückeburg – bis 1600: 56

1305: Adolf Graf zu Holstein-Schauenburg überträgt dem Kloster Rinteln 5 Hufen zu Lachem, die dem Conrad von Welsede und seinen Söhnen ... und Heinrich gehört haben. Org. Perg. Lat. Siegel ab (NLA BU, Orig. 22, Nr. 41)

1329: Ritter Bodo Om schenkt mit Zustimmung seiner Frau und seines Sohnes Johannes dem Stift Egestorf (Esekestorpe) anlässlich der Aufnahme seiner Tochter seinen gesamten Besitz im Dorf Lachem. (die Idus Agusti) Ausfertigung auf Pergament, Lateinisch. Siegel ab. 13.05.1329 (NLA BU, Orig. 20, Nr. 99

1382: Johann von Möllenbeck (Molenbeke), Knappe, seine Ehefrau Irmgard (Eremgart) und Stefanie (Stefanighe), die Tochter seines Vetters Hermann von Möllenbeck, verkaufen dem Stift Egestorf (Esekestorp) eine Hufe mit Hof in Lachem als Seelgerät für seine verstorbenen Brüder. 06.12.1382 (NLA BU, Orig. 20, Nr. 24)

1383: Hildemer von Bardelaghe, Gograf des Gos zu Hemeringen, bekennt, dass der Knappe Johann von Molenbeke auf seinen Hof zu Lachem mit einer Hufe Landes zugunsten des Klosters Egestorf und des Propstes Herbord verzichtet hat. Ausfertigung auf Pergament, Mittelniederdeutsch. 4 Siegel (Hildemer und Zeuge Ritter Arnold von Cercne sowie die Knappen Johann Kasele und Johann Buche an Pergamentpressel anhängend. 25.01.1383 (NLA BU, Orig. F, Nr. 105)

1384. Johann von Post verkauft dem Stifte zu Egestorf mit Vorbehalt des Wiederkaufs seinen Hof zu Lachem mit drei Hufen für 80 Mark schwerer Pfennige. 17.04.1384 (NLA BU, L 0, c Bd. 2 Nr. 150)

1458: Graf Ottens Lehnbrief für Raben Semeln über 1 Hof zu Lachem mit 3 Hufen Land und 1 Kothstätte über 1 Hof mit 2 Hufen Land daselbst. (NLA BU, Orig. Dep. 3, Ha Nr. 1)

1549: Äbtissin Marie von Zerssen und der gesamte Konvent des Stiftes zu Fischbeck bekunden, dass sie Tönnies Weltmathe aus Lachem, Sohn der Anneke Viskens, freigelassen haben. Ausfertigung

auf Pergament, Mittelniederdeutsch. Siegel der Ausstellerin an Pergamentpressel anhängend. 16.10.1549 (NLA BU, Orig. F, Nr. 242)
1565-1567: Schuldforderung des Dietrich von Münchhausen an Tönnies von Wettberg bzw. Anspruch auf Immission in die verpfändete Lachemer Ahe (NLA BU, L 1, nr. 5170)
1593: Verleihung des Hofes zu Lachem an den Vogt Hinrich Knokenhauwer d. J. durch Alexander von Bardeleben (NLA BU, L 1, Nr. 4071)

Der Name lässt sich von *lak* (Wasser) und *hen* (für Heim) – also Heimstatt am Wasser, ableiten.

Im 11. Jahrhundert war Lachem der Sitz einer Amtsvogtei. Hier saßen Amtmänner und Landdroste und verwalteten die Dörfer und Höfe des südöstlichen Schaumburger Wesertales. Urkundlich wurde Lachem jedoch erst 1237 erwähnt – im Güterverzeichnis des Bonifatiusstiftes Hameln:

„Theodoricus von Lachem hat dem Stift bzw. seinem Schulzen zu Michaelis 3 denavios an Zins zu entrichten." (Henry von der Heyde)

Die Anfänge der Siedlungsgeschichte sind bereits vor dem 11. Jahrhundert zu vermuten.

1329 gab es offensichtlich einen Pfarrer in Lachem und 1337 wird eine Kirchengemeinde in Lachem gemeinsam mit der in Fuhlen genannt.

1372 verkaufte Graf Otto I. von Holstein-Schaumburg (um 1330 bis 1404) dem Stift Hameln einen Hof mit einer Hufe (30 Morgen) Land und ein Anwesen in Dorf und Feldmark Lachem.

1527 verkaufte Graf Jobst von Schaumburg (1483-1531) an Rabode Semelen einen Hof mit zwei Hufen Land zu Lachem, 1560 geht dieser Besitz an die Erben Claves Büschen über – aus der Ministerialen-familie, die später mit dem Münchhausen-Schloss in Oldendorf begütert war.

1625 nahm der kaiserliche Feldherr Tilly im Dreißigjährigen Krieg im Amtshaus Quartier.

1677 kam die Vogtei Lachem an das Haus Braunschweig. Bedeutende Lehnsherren der Vogtei Lachem waren u.a. aus den Familien von Campe, Büschen, von Münchhausen, Post und von Bardeleven.

Die Amtsvögte und Amtmänner sind namentlich von 1648 (also seit Beendigung des Dreißigjährigen Krieges) bis 1823 bekannt.

1823 wurde das Amt Lachem aufgelöst und mit Hameln zusammengelegt.

Auch zwischen den beiden Weltkriegen wird Lachem als ein *Bauerndorf* bezeichnet.

Kirchenbücher existieren ab 1669. Eine Schule gab es in Lachem bis 1973.Der historische Dorfkern ist sehens- und besuchenswert. In ihm steht auch die *St. Paulus Kirche* aus dem frühen 13. Jahrhundert mit einem massigen Wehrturm.

Rundgang
Von der Bushaltestelle (Lachem, Landesstraße) beginnt der Rundgang in der *Lachemer Dorfstraße,* wo sich in historischen Gebäuden (Nr. 10) ein kleines (privates) Heimatmuseum befindet.

In der Lachemer Dorfstraße sind zahlreiche Häuser sehenswert und stehen auch im Verzeichnis der Baudenkmale:

17 a: Wohnhaus (ehem. Leibzucht), 2-gesch. Fachwerkhaus von 1832

23: ehem. Wohn-/Wirtschaftsgebäude, 2-gesch. Fachwerkbau von 1817

27. Wohnhaus, 2-gesch. Fachwerkbau des ehem. Amtsvogtes mit Einfriedung von 1730

Lachemer Dorfstraße 27

33: Scheune, Fachwerkbau mit seitlicher Längsdurchfahrt von 1861

35a: ehem. Wohn-/Wirtschaftsgebäude, 2-geschossiger Fachwerkbau, Vierständer von 1827

Von der Dorfstraße führt der Rundgang in den *Thiewall*:

1: Wohn-/Wirtschaftsgebäude (ehem.), exponierter 2-geschossiger Fachwerkbau (Vierständer) von 1767

2: Wohnhaus, 1-stöckiger Fachwerkbau (Vierständer) um 1800

4: Wohnhaus, 2-geschossiger Ziegelbau mit schlichter Ornamentik um 1920

Nr. 6: Wohn-/Geschäftshaus: 2-stöckiger Fachwerkbau mit teilweise aufgemaltem Gefüge von 1858

Nr. 8: ehem. Wohn-/Wirtschaftsgebäude, 2-stöckiger Fachwerkbau von 1861, Erweiterung durch Rohziegelgebäude

Nr. 10: Wohnhaus, 2-gesch. Fachwerkbau, Vierständer um 1830

Nr. 11: Wohnhaus, 2-geschossiger stattlicher Fachwerkbau von 1799. Scheune aus Rohziegel mit Querdurchfahrt um 1890.

Nr.12: Wohnhaus (ehem. Postamt), 2-geschossiger Fachwerkbau von 1861

Nr. 13: 2-geschossiger Fachwerkbau um 1830.

Nr. 15: ehem. Schule, 1888 zum 2-geschossigen Rohziegelbau umgebaut, ursprünglich Fachwerkbau, am Rückgiebel noch vorhanden von 1710.

Daran anschließend steht die Kirche (Nr. 21), als romanische Hallenkirche aus Bruchsteinmauerwerk, um 1260. Anfang des 16. Jahrhunderts wurde ein neues Kirchenschiff angefügt.

Weitere Baudenkmale:

Nr. 23: Wohnhaus, zweigeschossiger Fachwerkbau von 1797.

Nr. 25: ehem. Pfarrhaus, stattlicher 2-stöckiger Fachwerkbau, um 1750 – mit Scheune, Fachwerkbau mit seitlicher Längsdurchfahrt um 1750/1800.

Allein diese Aufzählung macht die Bedeutung von Lachem als Ort der Vogtei deutlich. Der Rundgang vermittelt dazu einen imposanten Eindruck und er führt schließlich noch von der Dorfstraße in die *Vogteistraße Nr. 7,* wo sich als Höhepunkt des Besuches das Wohnhaus des Amtsvogtes von 1892 (stattlicher Ziegelbau mit zeitüblichem Ziegeldekor) und eine dazugehörige Scheune, ein schlichter Rohziegelbau mit seitlicher Einfahrt, befinden. Auch die Einfriedungen (als *„Gefängnismauer mit Gitter, aus Bruchstein, und alte Mauerreste)* stehen im Verzeichnis der Baudenkmale.

Einfahrt zum Gelände des Vogteigebäudes

Ehemaliges Wohnhaus des Lachemer Vogtes von 1892

Lachem hat neben Fischbeck die höchste Zahl an Baudenkmalen von allen 24 Dörfern aufzuweisen, die heute zu Hessisch Oldendorf zählen. Sie können auf einem lohnenswerten Rundgang durch wenige (und ruhige, vom Durchgangsverkehr nicht belastete) Straßen besichtigt werden.

23. RUMBECK

837 Dokumente im NLA Bückeburg – bis 1600: 38

1334: Herzog Erich zu Sachsen (-Lauenburg) schenkt dem Kloster Egestorf eine Hufe bei Rumbeck, die der Knappe Conrad Dume von ihm zu Lehen getragen und zurückgegeben hat. Ausfertigung auf Pergament, Lateinisch. Siegel des Ausstellers an Pergamentpressel ab, 11.11.1324 (NLA BU, Orig.F, Nr. 103)

1475: Johann, Herzog zu Sachsen, Engern und Westfalen, beurkundet, daß von ihm zu Düseldorf (to dusseldorpe) die Knappen Johann van Vessebraide, Landdrost und Beitold Plettenberg (Plettenbergh), Hofmeister, Räte und Freunde seines Schwagers und Oheims des Herzog(s) zu Jülich und zu Berg (unses leuen swagers unde ohems heirogen to Guylike tom Berghe) gekommen seien mit der Bitte um Belehnung des Burchard Büschen (Bussche) mit dem Gute zu Rumbeck (Rümbeke). Da dessen Voreltern das Gut von seiner (des Ausstellers) Voreltern und von ihm zu Lehen hatten, belehnt der Aussteller den Knappen Burchard Büschen (Büssche) Kurts (Cordes) Sohn und seine rechtmäßigen Erben mit dem Gute. (Datum: am dage ascensionis Domini) Or. Perg.: Siegel des Ausstellers am Pergamentstreifen. 04.05.1475 (NLA BU, Orig. Dep. 3, Aa Nr. 3)

1555: Zehnt des Claus Busche zu Rumbeck

1565: Streit zwischen den Einwohnern der Ortschaften Rumbeck und Großenwieden wegen der Hude. (NLA BU, L 1, Nr. 6027)

1586: Streit zwischen Heilwig, Witwe des Börries von Münchhausen, und dem Amtmann zu Egestorf Albert Golmeier wegen des Fleischzehnten zu Rumbeck (NLA BU, L 1, Nr. 6026)

1597: Überlassung des Münchhausenschen Eigenbehörigen Hans Denkmann an Otto Henninges, Krüger zu Rumbeck auf ein Jahr. (NLA BU, Dep. 6 GH, E Nr. 134)

1587: Verträge zwischen Heilwig von Münchhausen, geb. Büschen und der Gemeinde Rumbeck über Verpachtung des dortigen Kornzehnten auf 5 Jahre. (NLA BU, Dep. 6 GH, E Nr. 131)

1593: Amtmann zu Schaumburg an Heilwig von Münchhausen, geb. Büschen, wegen der von ihr bei den Leuten des Grafen in Rumbeck gepfändeten Pferde. (NLA BU, Dep. 6 GH, E Nr. 132)
1600: Betrifft Eheschließung von Hermann Molters auf Meierberg Tochter, Catharina, mit Bruggemann auf Ludeken Fehrmanns Kothof in Rumbeck (Mäusefraß) um 1600. (NLA BU, Dep. 6 GH, E Nr. 135)

Auf das Jahr 1031 wird die erste urkundliche Nennung von *Rumbecke* datiert. 1616 erlangte die dortige Zollstation ihre besondere Bedeutung, als nach der Abdämmung der alten Weser (s. Weibeck – Gut Stau) die Oldendorfer Zollstation für die talwärts transportierten Güter nach Rumbeck verlegt wurde.

Zur frühen Geschichte von Rumbeck berichtete Karl Dörr unter der Überschrift

„Allerlei aus dem alten Rumbeck
Ein heimatlicher Streifzug durch ein schaumburgisches Weserdorf"
(1951)

u.a.:

Als in grauen Zeiten die ersten Siedler in Rumbeck ihre Hofstätten anlegten, hätten sie kaum einen besseren Platz finden können, denn hier waren sie in der höheren Ortslage sicher vor Ueberschwemmungen und hatten Wasser, Weide und Wald vor dem Hoftor. Was sie für sich und ihr Vieh brauchten wurde ihnen geboten und Jagd- und Fischgründe dazu. Schon aus der Lage des Dorfes kann man auf eine sehr frühe Besiedlung schließen. Funde aus ältester Zeit liefern den Beweis dafür. Kurz vor dem ersten Weltkriege wurden in der früheren Gemeindekuhle Urnen aus der Bronzezeit und der beginnenden frühen Eisenzeit in ganzen Feldern aufgedeckt. Sie weisen nach, daß hier etwa in der Zeit von 1300 bis 800 v. Chr. Geb. ein urgermanisches Dorf gestanden hat, und bearbeitete Feuersteine deuten auf die Anwesenheit von Menschen in der älteren Steinzeit (vor 7000 v. Chr.) hin.

K. Dörr stellte dann fest, dass der Ortsname Rumbeck (später auch Rummecke, plattdeutsch Rumbke) sicher zu deuten sei und schrieb zur ersten urkundlichen Erwähnung 1031, dass darin der Bischof Meinwerk von Paderborn seinen Besitz – darunter auch Höfe in Rumbeck – dem von ihm gegründeten Kloster Abdinghof überwiesen habe, wie wir es auch aus anderen Dörfern erfahren haben (s. z. B. unter Großenwieden). Die Meierbriefe des Klosters von 1650 sind im Staatsarchiv Münster erhalten geblieben.

K. Dörr fährt fort:

Noch bis in die jüngste Zeit hinein hat dieses Kloster sechs Vollmeierhöfe und eine stattliche Anzahl Kötnerstellen in Rumbeck zu eigen gehabt. 1143 und 1183 erscheint Rumbeke in Papsturkunden. 1444 beschreibt der Knappe Otto von Eckersten (Exten) den Umfang des mindenschen Amtes Exten, das seine Familie zu Lehen hatte; dazu gehörten auch Höfe in Rumbeck, nämlich ein Vollmeierhof und mehrere Kötnerstellen. Begütert waren ferner in Rumbeck noch der Dekan des St. Johannes-Kapitels in Minden, die Büschen (später v. Münchhausen) in Hess. Oldendorf, das Kloster Egestorf (an der Stelle des heutigen Friedrichsburg), das Kloster Möllenbeck, die Poste zu Hess. Oldendorf und Rinteln, die Pfarre in Fuhlen und die Kapelle in Rumbeck, zu ihrem Vermögen gehörten 27 Morgen Land.

Daran anschließend folgen Details über die Größe der Lehen am Landbesitz und zum zu leistenden Zehnten.

K. Dörr berichtet anhand von Akten aus der Oberförsterei von 1873, dass es in Rumbeck 1784 50 Feuerstellen gegeben habe:

Darin eingeschlossen war das Haus des Zöllners, der den Weserzoll erhob; 1675 brachte er 288 Taler 25 Groschen ein. Die Zollstelle wurde vermutlich erst eingerichtet, als beim Anfall des Amtes Schaumburg an Hessen (1647) die alte Vogtei Lachem geteilt und eine neue Vogtei Rumbeck eingerichtet wurde. Zu dieser gehörten auch Fuhlen, Heßlingen und Goldbeck.

Über die Entwicklungen im 19. Jahrhundert ist zu lesen:

Das Dorf, um 1800 noch ganz auf den heutigen Dorfkern beschränkt, konnte sich erst ausdehnen, als der Wald im Süden zurückgedrängt wurde. Damals reichte er noch bis unmittelbar an die letzten Häuser des alten Dorfes heran; heute hat man eine gute Viertelstunde zu gehen, um vom „Schierhölzern", dem Hauptweg zum Walde, dessen Name noch an den früheren Waldbestand erinnert, ins „Liestal" zu gelangen. (...)

Im Anschluß an die Zusammenlegung der Grundstücke im Jahre 1873 begann man auch zu drainieren, und schon 1880 war die Feldmark so verbessert worden, daß sie sich mit der des günstiger gelegenen Heßlingen messen konnte. 1882 löste die Gemeinde die Naturallieferungen an Pfarre und Küsterei ab und gleichzeitig begann auch die Forst- und Holzablösung. Die Gemeinde bekam, nachdem schon auf Grund einer Rotturkunde des Kurfürsten von Hessen im Jahre 1837 der Ortsteil Ellern entstanden war, nun noch eine Menge Waldboden, der urbar gemacht werden mußte. Die meisten Einwohner erhielten zu ihrem Besitz noch etwa 25% Rottland, das in wenigen Jahren in fruchtbaren Ackerboden umgewandelt wurde. Der Wohlstand des Dorfes hob sich beträchtlich.

Um die Jahrhundertwende begann man auch die Tonschätze des Bodens auszunutzen, Zwei Ziegeleien wurden angelegt, die etwa fünfzig Arbeiter beschäftigten. Die Ziegel wurden auf Weserschiffen in Richtung Bremen transportiert...

Eine Kapelle bestand in Rumbeck bis zur Reformation, die 1559 eingeführt wurde, „als in Fuhlen der Pfarrer Ludewig amtierte. Gottesdienste, wie früher in der Kapelle, werden nicht mehr gehalten mit Ausnahme des Kirmesgottesdienstes am Sonntag nach dem 18. Oktober, der in der Schule stattfindet" – so K. Dörr 1951.
Im Kirchenarchiv Fuhlen ist aus dem Jahr 1586 ein Verzeichnis der Ländereien, „die der Rumbecker Capelle zugehörig" waren, nachweisbar. (W. Grigat)

Im Steuerkataster (unter „Leistung von Spanndiensten") von 1772 tauchen auch wieder bekannte Namen auf – der „holländ. Baron von Münchhausen in Oldendorf", der „Baron von Post zu Oldendorf" und auch der „Landrat von Münchhausen zu Rinteln".

Die Rumbecker Vogtei verwaltete bis 1866 insgesamt fünf umliegende Dörfer. Als einer der letzten Amtmänner wird Friedrich August Klostermann (1765-1837) genannt, Besitzer eines Hofes in Friedrichsburg, der für die Vogteien Rumbeck und Exten zuständig war. Für Rumbeck gab es damals (1821) noch einen Untervogt.

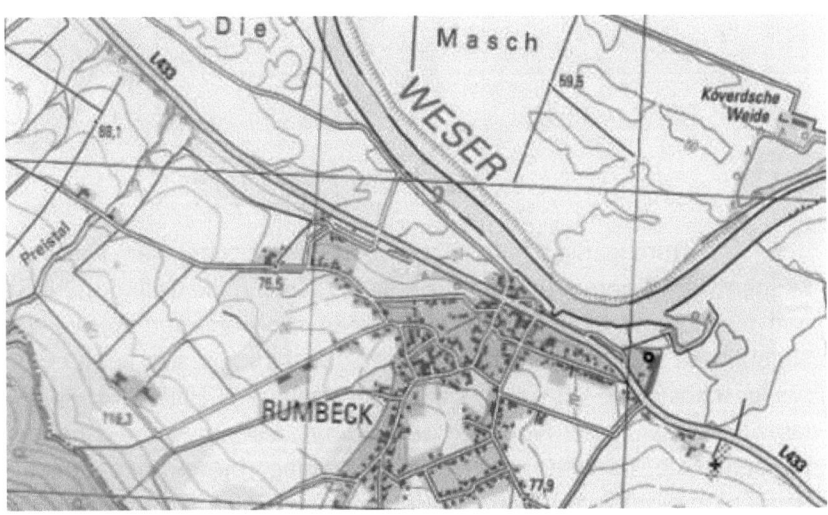

Die Struktur von Rumbeck im 21. Jahrhundert
(Ausschnitt aus einem Meßtischblatt)

RUNDGANG

Am Forstamt 3

Von der Durchgangsstraße *Am Weserbogen,* von der Fähre in Kleinenwieden kommend, gehe ich nach rechts in die Gellndorfstraße und biege dann nach links in die Straße *Am Forstamt* ab, wo das abgebildete Gebäude (Schule) steht. Es handelt sich um einen zweigeschossigen Ziegelbau aus der zweiten Hälftes des 19. Jahrhunderts, *„in zeittypischer Gestaltung",* wie im Verzeichnis der Baudenkmale zu lesen ist. Zur Begründung, dieses Gebäude als Baudenkmal aufzunehmen, heißt es: *„...geschichtliche Bedeutung aufgrund des Zeugnis- und Schauwertes durch beispielhafte Ausprägung eines Stils und/oder Gebäudetyps."*

Auch das Wohnhaus *Am Forstamt 2* wird als Baudenkmal bezeichnet, eine 1 ½ -geschossiger Ziegelbau in Eckposition, *„auf diese durch Baukörpergliederung bezugnehmend"* (um 1900 erbaut).

288

Am Forstamt 2

Der Weg zurück in die Gellndorfstraße führt durch den *Schmiedweg* (Baudenkmal Wohnhaus Nr. 3, Ziegelbau um 1900) direkt in die Straße *Auf der Worth*, wo das Wohn- und Wirtschaftsgebäude Nr. 2 als zweigeschossiger Ziegelbau mit Querdiele von 1894 als Baudenkmal benannt ist.

Auf der Worth 2 (Teilansicht)

Von der Straße *Auf der Worth* gehe ich auf die Straße *Am Weserbogen* und biege nach rechts in die *Dorfstraße*, von der ich nach rechts in die *Friedrichsstraße* komme, wo die Häuser Nr. 1 (zweistöckiger Fachwerkbau mit seitlicher Querdiele aus der zweiten Hälfte des 19. Jahrhunderts) und Nr. 5 (Wohnhaus, 1 ½-geschossiger Ziegelbau mit Drempelgeschoss, Zierfachwerk) als Baudenkmale stehen.

(*Drempel* = Kniestock: an der Traufseite eines Hauses über die Rohdecke des Dachgeschosses hinaus gemauerte Außenwand, auf der die Dachkonstruktion aufliegt.)

Als Baudenkmal wird auch das Wohn-/Wirtschaftsgebäude *Im Ellern 6* bezeichnet – ein zweigeschossiger Fachwerkbau (Vierständeshaus) aus der ersten Hälfte das 19. Jahrhunderts, von der Dorfstraße aus zu erreichen.

24. Wahrendahl

33 Dokumente im NLA Bückeburg

1329: Die Brüder Reynbert und Dietrich von Helbeke verzichten zugunsten des Klosters Rinteln auf den Zehnten in Wehrbergen und das Gut Hopperpol und die Hälfte der Mühle Mitmole und die Güter in Wahrendahl. Ausfertigung auf Pergament, Lateinisch. 2 Siegel der Aussteller am Pergamentpressel anhängend. (...) 26.06.1329 (NLA BU, Orig. F., Nr. 83)

1560: Otto Fine zu Rodenberg an den Amtmann betr.: a) Bitte um Lieferung von Holz an seinen Schwager Otto Hupe zu Wahrendahl zum Hausbau, b) Sendung von ½ Taler Brandschatz (NLA BU, L 1, Nr. 10468)

1564: Schweinehude der Busche in Wahrendahl (NLA BU, L 1, Nr. 10268)

1593: Beschwerde des Cordt Callmeyer zu Wahrendahl über seine ehebrecherische Frau (NLA BU, L 1, Nr. 9111)

1611-1612: Anlegung einer Ölmühle durch Hermann Bodeker zu Wahrendahl (NLA BU, L 1, Nr. 6084)

1695-1710: Prozess des Universitätsverwalters Joh. B. Hille gegen die Einwohner von Wahrendahl wegen strittiger Zehntpflicht von 18,5 Morgen Rottland bei Wahrendahl (NLA BU, H 170, Nr. 8)

1832-1833: Gesuch des Dienstknechtes Gottlieb Hupe aus Wahrendahl (hannoversches Amt Hameln) um Aufnahme in den kurhessischen Untertanenverband (NAL BU, Dep. 59, Nr. 3201)

Wahrendahl wird als Teil des Stadtteils Hemeringen genannt. In der Festschrift und Chronik „Hessisch Oldendorf 750 Jahre" von 1983 ist Wahrendahl noch nicht aufgeführt, so dass ich am Beginn meiner Recherchen zunächst von 23 Dörfern ausging. Auf der Internetseite von Hessisch Oldendorf taucht Wahrendahl (mit sehr kurzen Angaben und Verweis auf Hemeringen) jedoch auf – und auch im

Verzeichnis der Baudenkmale Niedersachsens ist es unter Hesssich Oldendorf verzeichnet mit:

„Im Wiesengrund 17. Wohnhaus 2-gesch. Fachwerkhaus v. 1805 (...) wissenschaftliche Bedeutung mit Seltenheitswert" und unter gleicher Adresse
„Backhaus 1-gesch. Fachwerkhaus".

Ich muss zugeben, als Schüler (und auch später) bin ich immer nur bis zum *Gasthaus Forellental* gekommen, das weniger als einen Kilometer von Wahrendahl entfernt ist. Von der Kreisstraße (K) 26 von Hemeringen zweigt hinter Forellental, wo (wenn mich meine Erinnerung nicht täuscht) auch der Postbus zu Beginn der 1970er wendete, die K 27 nach Wahrendahl ab.

Dahl ist ursprünglich ein ortsbezogener Familienname – mittelniederl. *Dal*, altnordisch *dalr* – mit der Bedeutung Tal, die hier voll zutrifft.

Das Dorf besteht aus weniger als 40 Häusern mit etwa 120 Einwohnern. Es liegt in den Wäldern der Ausläufer des *Lipper Berglandes*, ist bekannt durch seine Forellenzucht – aber in „Mein Heimatland" wird es nicht genannt.

Die Lage „Lipper Bergland" veranlasste mich, die Seite „Das Lippische Bergland" im Heft „Das Niedersächsische Bergland. Kleine Heimat- und Landeskunde" von M.F. Wocke und H. Mann (Dümmler, Bonn 1953) aus meiner Volksschulzeit aufzuschlagen – und daraus folgenden Ausschnitt zu zitieren:

> *Dass Lippische Bergland –*
> *Kleinbetriebe, Wanderarbeiter, Tabak- und Möbelindustrie.*
>
> *Das Lippische Bergland ist geologisch ein großer flach gewölbter Schild von Keuperschichten (Ton, Mergel, Sandstein) – bunt wie Schürzen – „Köper" (Name!)*
> *Die Schichten sind undurchlässig, daher Wasserreichtum, starke Zertalung, Auflösung in viele Rücken, Buckel und Hügel.*
> *Fruchtbarer Boden, besonders durch Lößbedeckung.*
> *(...)*
> *Das Lipp. Bergland hat keine Bodenschätze außer Sanden (Glashütten in Rinteln und Minden) und Tonen (Ziegeleien). (...)*
> *In den Tälern Weidenkulturen u. Flechtereien (Körbe für Glasballons der Glashütten und für den Fischversand – Wesermünde!).*
> *(...)*

Auch wenn wir hier keine direkten Informationen zu Wahrendahl finden, ist diese Darstellung doch ein historisches Zeugnis (sowohl in seiner Darstellungsform als auch inhaltlich-historisch) – mit dem Hinweis „in den Tälern Weidenkulturen" wohl auch ursprünglich für die Siedlung zwischen Hemeringer Berg (243,6 m) und Hasselberg 362,4 m) am Hemeringer Bach zutreffend.

In einem Bericht zu einer Wanderung von Hemeringen nach Wahrendahl von Bernd Althammer in der Hannoverschen Allgemeinen Zeitung vom 14. Juli 2009 ist unter der Überschrift „Hudeeichen und Rottekuhlen" zu lesen:
„In einer der reizvollsten Seitentäler der Oberweser liegt Wahrendahl.
Der Hemeringer Bach mag einst die ersten Siedler bewogen haben, gerade hier das Land urbar zu machen, indem sie den Wald rodeten.

So ein bisschen haben sich die hier lebenden Menschen ihre Insellage bewahrt. Sie nennen ihr Dorf keck ‚Freistaat'…"

Mit *Hudeeichen* sind Eichenbäume gemeint, unter die Schweine zur Mast durch Eicheln getrieben (gehütet) wurden; *Rottekuhlen* sind Teiche, in denen Leinpflanzen gerottet (gefault) wurden, um aus deren Fasern Leinen herstellen zu können.

Über die Geschichte von Wahrendahl erschien am 13. Februar 2009 auch ein Bericht in der Deister- und Weser-Zeitung (Dewezet, Hameln) unter der Überschrift „Wahrendahl stüert (steuert) Hemeringen" (auf einem Krug aus der Zeit um 1890) von Friedrich-Wilhelm Rekate, in dem auch der „Freistaat Warendahl" genannt ist. Rekate geht hier vom Begriff „Selbstsicherheit" gegenüber dem „großen Hemeringen" aus und stellt zunächst fest, dass bereits zu Beginn unserer Zeitrechnung der direkte Weg vom Süntel über Krückeberg „durch die Furt der Weser über die schon zur Germanenzeit bestehende Siedlung Hemeringen-Wahrendahl in die lippischen Wälder nach Tetomal (Detmold) und weiter zum Osning mit seiner Grotenburg und den Externsteinen" führte. Und stellt die Vermutung an, dass die Bewohner von Wahrendahl vielleicht auf erhöhtem Poste gestanden hätten, „um unliebsame Eindringlinge, aber auch Händler und eigene Truppen ins mittlere Wesertal zu melden: ein Frühwarnsystem, das bis in die Franzosenzeit von Bedeutung war."
Rekate berichtete, dass er bei seinen Erkundungen durch den Forst eine Waldlichtung (Block II Abt. 39), „eine ebene Fläche Richtung Rodenbeck mit lichtem Eichenbestand" gestoßen sei, „gleich einem Hudewald, mit Blick über den Steilhang auf Wahrendahl mit dem Störteberg, dem Hasselberg und der Fierwand". Und eine weitere Ortsangabe folgt: „Parallel zum Steilhang führt ein Weg verdeckt ins Tal bis zur Bergmühle im Mühlental." Rekate vermutet, dass es sich um den Platz „Etas Ruh" handelt, früher eine „Warte" und eine

Fluchtanlage, von wo aus „die Wege aus den gegenüberliegenden Bergen gut einzusehen" gewesen seien. Und er stellt fest: „Bei Gefahr konnten die Talbewohner mit ihrem Vieh rechtzeitig die Anhöhe erreichen und über den Richteweg die tieferliegenden Orte gewarnt werden."

Recherchen in den niedersächsischen Staatsarchiven Hannover und Bückeburg anhand des Suchwortes *Wahrendahl* ergeben 114 Treffer – d.h. Archivalien der unterschiedlichsten Art, von amtlichen Dokumenten bis zu Flurkarten und Fotos.
Die älteste Archivalie stammt aus dem Jahr 1329 (aus dem Urkundenbuch des Klosters Rinteln):
Die Brüder Reynbert und Dietrich von Helbeke verzichten zugunsten des Klosters Rinteln auf den Zehnten (...) [der] Güter in Wahrendahl.
Anfertigung auf Pergament, Lateinisch
2 Siegel der Aussteller an Pergamentpressel anhängend.
 (s. Kasten S. 291)
[*Pergamentpressel*: ein dünner Lederstreifen, durch einen Einschnitt in der Urkunde gezogen und mit einem Siegel versehen, um damit die Echtheit des Schriftstücks zu dokumentieren]
Die Verbindung zu Rinteln, vor allem zur Universität, wird u.a. an einem Dokument aus der Zeit von 1695-1700 über den „*Prozess des Universitätsverwalters Joh. B. Hille gegen die Einwohner von Wahrendahl strittiger Zehntpflicht von 18,5 Morgen Rottland bei Wahrendahl.*
(s.o. zu *Rottekuhlen* – zu *Hudeeichen* passt folgende Archivalie:)
1564 Schweinehude der Busche in Wahrendahl – womit wiederum eine Verbindung zur bereits vorgestellten Familie von Busche belegt ist. Mehrere Archivalien betreffen auch eine um 1611/12 errichtete Ölmühle – mit dem Dokument *Anlegung einer Ölmühle durch Hermann Bodeker zu Wahrendahl.*

Der Name *Wahrendahl* erklärt sich schließlich aus dem genannten *Dahl* für Tal und *Wahren* für das Verb wahren im Sinne von hüten/schützen – auch als Warte.

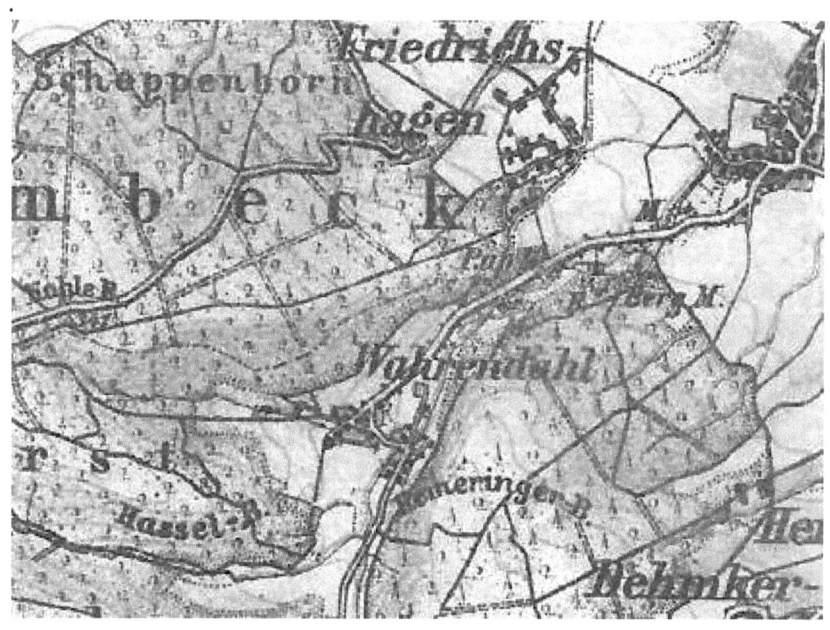

Wahrendahl zwischen Hassel- und Hemeringer Berg mit Papp- und
Bergmühle in Richtung Hemeringen
(Ausschnitt aus einer historischen Karte um 1900 – „Schaumburg Lippe
Grafschaft Schaumburg östl. Reg. Bez. Minden, Wilh. Spannuth, Bückeburg)

LITERATURVERZEICHNIS

(StB Hm: vorhanden, bzw. vom Autor eingesehen, in der Stadtbücherei Hameln; NLA Bückeburg = Niedersächsisches Staatsarchiv in Bückeburg – ohne Angaben: Bibliothek des Autors)

GRAFSCHAFT SCHAUMBURG
Blazek, Matthias (2011): Die Grafschaft Schaumburg 1647-1977. Episoden und Quellensynthese, , ibidem-Verlag, Stuttgart.
Borcherding, Heinrich, Friedrich *Kölling*, Heinrich *Langhorst*, Walter *Maack*, Hannfrit *Putzer*, Karl *Vogt* (1951) Grafschaft Schaumburg. Mein Heimatland. Ein Heimatbuch für Schule und Haus, Bösendahl, Rinteln.
Brüdermann, Ute (2016): Das Schaumburger Land. Ein Reiseführer zu Kunst und Kultur, Verlag f. Regionalgeschichte, Bielefeld.
Brüdermann, Stefan (Hrsg.) (2014): Schaumburg im Mittelalter, 2. Aufl., Verlag f. Regionalgeschichte, Bielefeld.
Maack, Walter (1964) Die Grafschaft Schaumburg. Eine Darstellung ihrer Geschichte, Bösendahl, Rinteln.
Weingarten, Hendrik (Hrsg.) (2016): Schaumburger Profile. Ein Historisch-biographisches Handbuch, Teil 2, Verlag f. Regionalgeschichte, Bielefeld.

BARKSEN
Patzelt, Edith (1993) Barchusen Barksen aus der Geschichte unseres Dorfes, Springe (StB Hm).

FISCHBECK (Auswahl)
Hausmann, Manfred (1988) Der Fischbecker Wandteppich: ein Legendenspiel, Nachdruck Hameln (StB Hm).
Helmbold, Marie-Luise (1982) Geschichte des Stiftes Fischbeck an der Weser: nach Urkunden des Stiftsarchivs und kritischer Benutzung anderer Quellen, Göttingen (StB Hm).

Holste, Wilhelm, *Kölling*, Friedrich u. Walter *Maack* (1955) Fischbeck: Feldmark, Höfe, Sippen; ein Beitrag zur Tausendjahrfeier, (Schaumburger Heimathefte 2), Rinteln (StB Hm).

Krumwiede, Hans-Walter (1955) Das Stift Fischbeck an der Weser: Untersuchungen zur Frühgeschichte 955-1158, Göttingen (StB Hm).

Krumwiede, H.-W., H. *Meyer-Bruck* (o.J.) Das tausendjährige Stift Fischbeck, Göttingen.

Oldermann, Renate (2010): Stift Fischbeck, Verlag f. Regionalgeschichte, Bielefeld.

Oldermann, Renate (2015): Evangelisches Damenstift Fischbeck, Klosterkammer Hannover, DKV-Kunstführer Nr. 211 (= Klosterkammer Hannover, Heft 15), 9. Aufl., Deutscher Kunstverlag, Berlin.

FRIEDRICHSBURG

Heutger, Nicolaus Carl: Das Kloster Egestorf-Friedrichsburg, in: Jahrbuch Museum Hameln (1995) 62-66.

Bruns, Gerhard (1978) Friedrichsburg – Kloster, Domäne, Gemeinde, Friedrichsburg (NLA Bückeburg).

Bruns, Gerhard: Von der Domäne Egestorf zum Dorf Friedrichsburg, in: Schaumburger Heimat 14 (1983) 25-27 (NLA Bückeburg).

FRIEDRICHSSIEDLUNGEN

Neugebauer, E.: Friedrichsburg, Friedrichshagen, Friedrichshöhe und Friedrichswald, in: Die Ortsnamen unserer Heimat, Band 4 (1924), S. 19 (NLA Bückeburg).

FUHLEN

Kölling, Friedrich, Walter *Maack* (1959) Fuhlen – Beiträge zur Geschichte des Dorfes, Rinteln (NLA Bückeburg).

GROSSENWIEDEN
Bruns, Gerhard (Hrsg.) (1989): Heimatblätter Hessisch Oldendorf Heft 4, Grossenwieden, Bösendahl, Rinteln.

HEMERINGEN
Wetzel, Alfred (2002): Chronik der Gemeinde Hemeringen, Hemeringen (NLA Bückeburg).
Mundhenke, Herbert: Die Klöster Egestorf und Hemeringen – ein Beitrag zu Kirchengeschichte der Grafschaft Schaumburg, in: Jahrbuch d. Ges. f. Nieders. Kirchengeschichte 49 (1951) 43-55, Hannover (NLA Bückeburg).

HESS. OLDENDORF (Auswahl)
Alpers, Werner: Postgeschichtliche Entwicklung der Stadt Hessisch Oldendorf, in: Stadt Hessisch Oldendorf (Hrsg.), Hessisch Oldendorf 750 Jahre, 1983 (S. 181-175).
Elten, Paul (Hrsg): Die Geschichte der „Fürstlich Privilegierten Stadt-Apotheke zu Oldendorf an der Weser" von 1620-1980. Seit 1900 Privilegierte Löwen-Apotheke, Privatdruck, Privatdruck P. Elten, Hessisch-Oldendorf (1981).
Geyso, Franz von (1923) Die Schlacht von Hessisch Oldendorf am 28. Juni <8. Juli> 1633 – mit einleitenden Bemerkungen über die Politik und Kriegsführung dieser Zeit, Rinteln (StB Hm).
Harmening, Rolf (1988) Hessisch Oldendorf. Beiträge zur Stadtgeschichte, Hameln (StB Hm)
Hoffmann, Erik (1998): Jüdische Nachbarn in Hessisch Oldendorf. Ihre 600jährige Geschichte in der schaumburgischen/hessischen/preußischen Kleinstadt, CW Niemeyer, Hameln.
Kölling, Friedrich (1953) Die Weserbrücke im Wandel der Zeiten: Festschrift: Einweihung der Weserbrücke zwischen Hessisch Oldendorf und Fuhlen am 17. Oktober 1953, Hess. Oldendorf (StB Hm).

Kölling, Friedrich (1956) Hessisch Oldendorf. 700 Jahre Entwicklung einer niedersächsischen Kleinstadt, Rinteln (StB Hm).

Kölling, Friedrich (1957) 550 Jahre Stadtschule Hessisch Oldendorf, Rinteln (StB Hm).

Kölling, Friedrich (1959) Die Schlacht bei Hess. Oldendorf am 28.6.1633. Ein Beitrag zur Geschichte des Feldzuges in Niedersachsen im Jahre 1633, Schaumburger Heimathefte Nr. 6, Rinteln (StB Hm).

Kölling, Friedrich: Von der Zuckerrübe zum Zucker, die Zuckerfabrik Hess. Oldendorf, Schaumburger Lesebogen 8, 45-52, Rinteln 1961 (NLA Bückeburg).

Kölling, Friedrich: Der Mengersen-Hof in Hessisch Oldendorf, Schaumburger Heimatblätter, 14-18, Rinteln (1960/61) (NLA Bückeburg).

Korff, Theodor (1929) Eberhard Poppelbaum. Bilder aus der Reformationsgeschichte Oldendorfs und der Grafschaft Schaumburg – ein Heimatspiel, Hess. Oldendorf (StB Hm).

Stadt Hessisch Oldendorf (Hrsg.): Hessisch Oldendorf 750 Jahre. Eine Festschrift mit Chronik, herausgegeben von der Stadtverwaltung zur 750-Jahr-Feier der Stadt Hessisch Oldendorf, 1983.

Stecher, Werner (1977): Die St. Marien-Kirche in Hess. Oldendorf. Ein Gang durch ihre Geschichte, anläßlich der 600-Jahr-Feier ihrer Fertigstellung am 4. Dezember 1977, hrsg. ev.-luth. St. Marien-Kirchengemeinede, Hess. Oldendorf.

Stegemann, Bernd (Hrsg.) (1987) Hessisch Oldendorf – damals. Bilder aus vergangenen Jahrzehnten, Horb am Neckar (StB Hm).

Wehrhahn, A. (1883) Festschrift zu der am 28. Juni 1883 in Oldendorf stattfindenden 250jährigen Gedächtnisfeier der Schlacht bei Hessisch-Oldendorf am 28. Juni 1633, Hannover (StB Hm).

Wiegand, Christian (2005) Spurensuche. Hessisch Oldendorf – Unterwegs im Landkreis Hameln-Pyrmont, Hameln (StB Hm).

HESSLINGEN
Gotthardt, Carl (1959) Heßlingen. Beiträge zur Geschichte des Dorfes – mit einer Flurkarte, einem Lageplan und mehreren Aufnahmen, Rinteln (NLA Bückeburg).

HÖFINGEN
Krüger, Adolf (2006) Höfingen – Generationen und Reihestellen, Wehrbergen (StB Hm).

Schaper, Jürgen (o.J., ca. 2015) Chronik 2.0 – Geschichten aus alter und neuer Zeit = Höfinger Dorfchronik (StB Hm).

Schulte, Friedrich, Konrad *Diekmann*, Heinrich *Roßkam* (1987) Chronik des Sünteldorfes Höfingen 1987: 1205 hovenghe, Rinteln (StB Hm).

Kölling, Friedrich: Höfingen – eine sächsische Siedlung, in: 75 Jahre Sparkasse der Stadt Hessisch Oldendorf (1935), 16-18 (NLA Bückeburg).

KRÜCKEBERG
Kölling, Friedrich: Krückeberg an der Weser – eine alte germanische Gerichts- und Kultstätte – in: Germanische Welt. Mitteilungsblatt des Osningmark-Ges. e.V. im Reichsbund für Deutsche Vorgeschichte 2 (1941), 2, 43-46 (NLA Bückeburg).

KLEINENWIEDEN
Kölling, Friedrich (2000): Bilder und Berichte aus Kleinenwieden, Heimatblätter Hessisch Oldendorf Heft 16.

LACHEM
Heyde, Henry von der (Bearb.) (1979) Chronik des Dorfes und der Vogtei Lachem, Lachem (StB Hm).

LANGENFELD

Munk, Heinrich (Schriftleitung) (2002) Langenfeld am Wasserfall, Druck A. Matzow, Hameln (NLA Bückeburg).

Schwedt, Georg: Die Baxmannquelle – Wasser aus dem Totental, Chemie für Labor u. Biotechnik CLB 66, 415-419 (2015)

PÖTZEN

Krüger, Adolf (2005) Pötzen – Generationen und Reihestellen, Wehrbergen (StB Hm).

ROHDEN/ROHDENTAL

Kölling, Friedrich: 700 Jahre Hof Rohden Nr. 1, in Schaumburger Heimatblätter (1957), S. 11-16 (NLA Bückeburg).

Kölling, Friedrich: Rohden: Dorf der Mühlen, in: Schaumburger Heimatblätter (1956), S. 3-6 (NLA Bückeburg).

Kölling, Friedrich: Rohdental, die Geschichte einer Waldgaststätte, Rohdental 1967 (NLA Bückeburg).

Köllner, Erika: Rohden [aus der Geschichte eines Dorfes], 2. Aufl. (1989), o.O. maschinenschriftl. (NLA Bückeburg)

RUMBECK

Grigat, Werner (1967) Rumbeck – die Geschichte eines sehr alten Dorfes, Rinteln (NLA Bückeburg).

Dörr, Carl: Allerlei aus dem alten Rumbeck – ein heimatlicher Spaziergang durch ein schaumburger Weserdorf, in: Schaumburger Heimatblätter (1951) 28-29 (NLA Bückeburg).

SEGELHORST

Kölling, Friedrich: Die Segelhorster Revolution, in: Schaumburger Heimatblätter (1958), S. 30-31 (NLA Bückeburg).

Sünteldörfer: BENSEN, HADDESSEN, WICKBOLSEN
Maack, Walter u. Friedrich *Kölling* (1955) Tausendjährige Süntel-
dörfer. Wickbolsen – Bensen – Haddessen. Eine siedlungskundliche
Untersuchung als Festgabe zur Tausendjahrfeier, Rinteln (StB Hm).

WEIBECK
Meyer, Marianne (2015) Auswanderung aus dem kleinen Dorf
Weibeck im Weserbergland 1845-1895, Hamburg (StB Hm).
Meyer, Marianne (2001) Weibeck – Aus der Geschichte eines
tausendjährigen Dorfes, Springe (StB Hm).

WELSEDE
Lorenz, Martin: Alter und Bedeutung des Ortsnamens Welsede, in:
Schaumburger Heimat 12 (1981) 37-39.
Boeger, Fritz: Der „Eichhof" Nr. 1 in Welsede – ein grundherrliches
Eigentum der Grafen von Schaumburg, in: Schaumburger Heimat 11
(1980) 17-29.
Kölling, Friedrich: Welsede – die Höfe und ihre Bauern, in:
Schaumburger Heimatblätter 18 (1938) 6-7 (NLA Bückeburg).

ZERSEN
Maack, Walter: Der Sattelhof der von Zersen in Zersen – Nr. 4 ist der
im 14. Jahrhundert genannte „Molenhof" mit 3 Hufen, in:
Schaumburger Heimatblätter (1956) 23-25 (NLA Bückeburg).

Einzelbeiträge zur Geschichte der einzelnen Orte in:

HEIMATBLÄTTER HESSISCH OLDENDORF
(Berichte des Heimatbundes Hessisch Oldendorf; die betreffenden
Dörfernamen bzw. in diesem Buch auch behandelten Themen sind
durch Unterstreichung hervorgehoben; G.S.) – weitere spezielle
Beiträge werden auch zu den entsprechenden Textstellen genannt.

Heft 1/1986
Bruns, Gerhard: Das Kloster in Hemeringen (1426-1468), S. 47-50.
Diekmann, Konrad: Das Schmiedehandwerk in Höfingen, S. 54/55.

Heft 2/1987
Alpers, Werner: Die Post in Fischbeck, S. 50-63.

Heft 3/1988
Stegemann, Bernd: Die Krückeberger Messerschmiede, S. 5/6.
Dobbertien, Hans: Rohdener Grafenrechte im Wesergebiet, S. 32-38.
Bruns, Gerhard: 750 Jahre Pötzen, S. 58/59.

Heft 5/1990
Rentzel, Wilhelm: Die Kirche zu Segelhorst, S. 44/45.
Gohl, Carmen: Die Burg Roden, S. 62.

Heft 6/1991
Peter, Karl: Die Ziegelei in Fuhlen, S. 47-60.

Heft 9/1993
Knoke, Horst: Die Weserbrücken bei Fuhlen, 5-58.

Heft 10/1995
Dobbertin, Hans: Rätsel um die ersten Nennungen Rumbecks, 16-18.

Heft 14/1998
Bruns, Gerhard: Die Gründung der Friedrichsdörfer, S. 70-74.

Heft 15/1999
Diekmann, Konrad : Höfingen-Texas. Zur Geschichte eines historischen Ortsnamens, S. 59-62.

Heft 16/2000
Kölling, Friedrich: Bilder und Berichte aus <u>Kleinenwieden</u>, S. 24-47.

Heft 17/2001
Bruns, Gerhard: <u>Rumbeck</u> um 1950 – Bilder und Berichte, S. 48-85.

Heft 18/2013
*Kölling,*Klaus: Das <u>Fachwerk-Dielenhaus Lange Straße 48</u> als Beispiel für das große Bürgerhaus des 16. u. 17. Jahrhunderts in der Stadt Oldendorf, Grafschaft Schaumburg, S. 32-52.
Lingen, Gabriele: <u>Großenwieden</u> Nr. 30 (Riekenhaus), ein Gebäude mit besonderer Bedeutung, S. 61-66.

Heft Nr. 19/2015
Mettin, Erich: Stiftungen der <u>Familie Post</u> aus Oldendorf und Lügde, S. 14-16.
Renzel, Friedrich: Der <u>Knick</u>, S. 43-50.

Heft 20/2016
Mettin, Erich: Chronik der <u>Familie Münchhausen</u> auf Rittergut Oldendorff, S. 26-30.

ANHANG: Erläuterungen historischer Bezeichnungen

BREMER SILBER als Währung

Bremische Münzen waren vom 11. Jahrhundert bis 1871 im Verkehr, ab 1541 unter städtischer Hoheit. Das Privileg hatte Bremen Kaiser Karl V. dazu erteilt (ausführlich in Wikipedia „Bremische Münzen").

BRINKSITZER

Als *Brink* bezeichnete man in Norddeutschland häufig eine leicht erhöhte Stelle in der Nähe eines Dorfes. Die Böden waren hier meist minderwertig – und sie lagen auch ungeschützt. Die *Brinksitzer* oder *Freien* zählten nicht zu den Bauern; sie arbeiteten häufig auch als Handwerker im Dorf.

Eigenbehörigkeit oder Leibeigenschaft

Verfügungsbefugnis eines Leibherrn über einen Leibeigenen, der zu Frondiensten verpflichtet war und u.a. nicht vom Gutshof des Leibherrn wegziehen durfte. Sie bestand bis in das 19. Jahrhundert – im Fürstentum Lippe bis 1809, im Großherzogtum Hessen bis 1813 und im Königsreich Hannover sogar bis 1833.

GULDEN – Gulden als ursprüngliche Währungseinheit.

Goldgulden: zunächst als Gold- später auch als Silbermünze

Rheinischer Gulden: im Spätmittelalter eine regionale Goldwährung im Geltungsbereich des Rheinischen Münzvereins (gegründet erstmals 1386) – (ausführliche Darstellungen unter „Gulden" in Wikipedia)

GUTSHOF

ist die Bezeichnung für ein Bauerngut, ein größeres landwirtschaftliches Anwesen – ein Gut stand für Vermögen oder Besitz, daher die Bezeichnung Gut. In der Zeit der Grundherrschaft hatte der Besitzer eines Gutshofes als Fronhof z.B. auch die Patronatsgerichtsbarkeit.

HUDE ist ein als Weide genutzter Wald. Andere Bezeichnungen sind *Hutewald* oder auch *Hutung*. Nutzvieh (Rinder oder Schwine) wurde in Gebieten, die vor einer Besiedlung weiträumig und flächendeckend aus Wald bestand, anstelle einer aufwändigen Rodung und Anlage von Weiden in den Wald getrieben.

HUFE bezeichnet sowohl eine Hofstelle (mit Eigentums- und Nutzungsrecht) als auch ein Flächenmaß, das von der Ertragsleistung der Böden unterschiedlich ausfiel. Eine Hufe entsprach als Grundgröße einer Ackerfläche, die erforderlich war, um einer Bauerfamilie ihr Auskommen zu gewährleisten. Die *Fränkische Landhufe* umfasste 12 Hektar (= 100 x 100 m) (eine Kleinhufe die Hälfte, eine Großhufe das Doppelte und eine Königshufe das Vierfache).

KALAND(E) ist eine Bruderschaft wohlhabender Bürger zur Verrichtung guter Werke, abgeleitet vom lat. kalandae, dem ersten Tag im Monat, an dem sich die Kalanderbrüder zu treffen pflegten – s. auch unter Hessisch Oldendorf.

KNAPPE, ein ritterbürtiger junger Mann, der in höherem Alter auch in den Stand eines Ritters aufrücken konnte.

KÖTNER (Kötter) Bauern mit dieser Bezeichnung hatten ihre Höfe (**Kotten**) meist am Dorfrand und war oft von alten (größeren) Höfen abgetrennt worden. Sie sind in Deutschland ab dem 14. Jahrhundert urkundlich belegt. Häufig reichte der Ertrag dieser Höfe nicht zum Lebensunterhalt der Familie, so dass sich Kötner (Kätner) auch als Tagelöhner auf Bauernhöfen oder Güter verdingen mussten. Großköter bewirtschaften mehrere Hufe Land (aber meist mit Böden minderer Qualität).

KOTE (Kotten, Kate) als einfaches Wohnhaus eines Kötners, oft abseits der Dorfgemeinschaft, in dem der Kötner auch in Form einer Deputatsleistung wohnen konnte.

LEH(E)N (Lehnsbrief, zu Lehen u.ä.), LEHNSWESEN: bedeutet historisch ein Grundstück, das der Eigentümer (dominus, Lehnsherr) gegen das meist urkundlich vereinbarte Versprechen einer besonderen Treue und gegen Leistung gewisser Dienste (Kriegsdienste oder Zahlungen bzw. Lieferungen von Naturalien) einem Vasallen (Untertanen, Abhängigen) nutznießlich überließ – oft über mehrere Generationen.

MEIER – in der Villikationsverfassung (Agrarverfassung bis 14. Jh.) ursprünglich der grundherrliche Verwaltungsbeamte als Vorsteher eines Fronhofs und auch Leiter des Hofgerichts. Nach Auflösung der Fronhofsverfassung wurde allgemein der Großknecht als Vorgesetzter des Gesindes auf einem Herrenhof als Meier bezeichnet. Nach dem 14. Jahrhundert war ein Meier auch ein Pächter (freier Bauer) eines Gutes, des sogenannten Meierhofes.

PERGAMENTPRESSEL wird ein dünner Lederstreifen genannt, der durch einen Einschnitt einer Urkunde durchgezogen und mit einem Siegeln versehen wird, um die Echtheit der Urkunde zu dokumentieren.

ROTTLAND ist die historische Bezeichnung für gerodetes Land, also Neuland.

ZEHNT (Zehnter, der Zehnte, lat. decenia, mittelniederdeutsch *teghede*) bezeichnet eine zehnprozentige Steuer in Form von Geld oder (meist) Naturalien an eine geistliche oder weltliche Institution.